野性のスポーツ哲学

「ネアンデルタール人」はこう考える

室伏重信

Murofushi Shigenobu

はじめに

試合であるかないかを問わず、会心の投擲をめざしてきた。10代のころからハンマー投げを始めて、これまでに投げてきたハンマーの本数は数えようもない。しかし、良い投げの感触は、何十年経ったものでも覚えている。練習も試合も含めて、会心の投擲を振り返ってみると、数本しかない。その中でも、自分の理想にもっとも近いもののひとつは、1983年にヘルシンキで行なわれた第1回世界陸上競技選手権大会2日前の、練習での投擲である。私は37歳であった。

このときの投げは4回転で、見事に動きが決まり、75mラインを1m強超える投げができた。ハンマーを加速していく超高速のリズムに乗り、自然に振り切った投擲である。これが私の練習での生涯ベスト記録となった。だがこのように超高速加速のリズムに乗っていける投擲は、緊張感のあるときにしかできない。さらに緊張状態にあるときでも、反射的に、自分がやろうとしている動きができなければならない。このとき、練習での生涯ベスト記録を出すことができたのは、ヘルシンキの整備された練習場という特別なシチュエーションも影響した。普段の練習では、ハンマーへの超高速加速はほとんどできない。

1回転、2回転、3回転、4回転……心・技・体・調（調整・コンディショニング）のすべての条件が合い、ハンマーのヘッドスピードが、自分で考えていた限界を超えた速度となる。自分の感覚の予想以上のものが働き、想像以上のスピードが出る。このような会心の投げができれば、試合であろうと練習であろうと関係ない。「この極限の動きができたからこそあそこまで飛んだ」と納得がいく。ある時期から私は、オリンピックなどの大会は、どうでもよくなっていた。練習でも今以上の投げをめざす。その動きを定着させ更なる向上をめざす中、アイディアは次々と湧き出てくる。試してみたい。実はヘルシンキでの会心の一投の感触が手掛かりとなり、1年もしないうちにアメリカでの試合で75m96cmが実現できた。ロッククライマーの拠点づくりのようにさらなる記録更新をめざす。時を経て、これが広治（こうじ）、由佳（ゆか）、その他多くの選手たちの指導につながっていく。

私は最近になって、「自分はネアンデルタール人のフィジカル面の遺伝子を強く受け継いでいるのではないか」と思うようになった。

ネアンデルタール人は旧人類の絶滅種で、学名は「ホモ・ネアンデルターレンシス」。40万年前にユーラシア大陸に現れ、4万年前に滅んだとされている。同じ時期に生息していたデニソワ人やその後現れる現代人であるホモ・サピエンスと比較すると身長は低く、胴体に対し手足が短くて骨格は頑丈であったようだ。骨格が頑丈ということは、その骨を動かす骨格筋の量も多く、力は強かったと思える。

このハイパワーのネアンデルタール人だからこそ、マンモスなどの大型動物の狩りができたのであろう。また頭蓋骨も現代人より大きく、脳の容量も大きかったようだ。洞窟に壁画を描いていたことでも知られている。

このネアンデルタール人がヨーロッパに住んでいたころ、我々現代人の祖先であるホモ・サピエンスもアフリカから北上し、同じ環境に生活するようになった。その長い生活環境の中にあって、ホモ・サピエンスと交雑があったことは、現代人のゲノムに、ネアンデルタール人の遺伝子情報が1～4%存在していることからも証明されている。

私はネアンデルタール人についての詳しいことは最近知ったわけだが、さらに多くの資料を閲覧していくうちに、ネアンデルタール人のフィジカル面が私のフィジカルに酷似していると思えるようになったのである。「私はネアンデルタール人のフィジカル面の遺伝子を受け継いでいる」。この大胆な仮説から私のフィジカルの能力と運動哲学を、陸上競技のひとつの種目であるハンマー投げを通して考えていきたい。

目次

1972年9月4日、ミュンヘン・オリンピックでの著者

写真：毎日新聞社／アフロ

第5章 いかに生き、つないでいくか

編集協力／高山リョウ
図版レイアウト、章扉・目次作成／MOTHER
クレジットのない写真／著者提供
47、131、137、138、143、148、157、169、173、185、187、201ページの写真／内藤サトル

肩書きは当時のものです。

第1章

猪突猛進——陸上競技との出会い

日本大学三島高校時代の著者。
1963年、全国インターハイ陸上競技で初の3種目
（砲丸投げ、円盤投げ、ハンマー投げ）制覇を成し遂げる

力の強い子ども

私がネアンデルタール人に興味を持つきっかけとなったのは、私自身の体型と骨である。私は骨が太く、手足も大きい。電車などで手を見てくる人がいるので、人目に触れないように気を遣っている。選手時代は、いくらトレーニングしても体重は90kg程度、さらに体脂肪は５％以下、ウエストは88㎝という締まった体型であった。投擲という種目柄、体重はあと５kgほど欲しかったが、いくら食べても太ることはなかった。またジャンプ力や短い距離を走るスピード、そして全身の筋力が並外れていた。

私は１９４５年10月２日、中国河北省唐山に生まれた。日本の敗戦のため、生後２か月半の12月の暮れに、父の実家である静岡県東部の函南町に引き揚げる。この生い立ちからか、私は中国人と思われている節もあるが、父・秋豊と母・八四、両親共に日本人である。戦後は大変な時期であったことは、両親から後に聞いた。特に食糧難である。このような時代背景のためだったのか、いつもお腹を空かしていた。そして人の倍は食べた。小学校高学年になると、親から「穀潰し」とも言われた。

函南町には長く住んでいたが、小学校に上がる前、父の仕事の関係で山梨県の南甲府駅の近くに引っ越す。そして地元の甲府市立湯田小学校に入学した。入学して間もなく休み時間に私のクラスに6年生の男子が入ってきて、「お前とこいつ、喧嘩して勝ったほうを子分にする」と言って喧嘩をさせられた。何が何だかわからないまま喧嘩をしたが、私は喧嘩そのものを知らなかった。相手がかかってきたので、相手の片方の腕をつかんで後ろに倒れ込み、自分が2、3回転して相手を振り回した。そのまま手を離すと、相手は教室の出入り口まで飛んでいった。私は相手が可哀そうで、悪いことをしたと思った。

小学1年生の夏休み、家族で静岡県の沼津市に引っ越して、沼津市立第二小学校に転校する。沼津に来て海を見たときは感動した。子どものころは風邪をよくひき、熱もよく出た。2年生か3年生になると、肺門リンパ腺炎にかかり、長く学校を休むことになる。このころから引っ込み思案のところが出てくる。だが体調が良い日は、エネルギッシュに遊んでいた。私は相撲が強く、少し押したり組んだりしただけで相手

母・八四と

は倒れていた。

小学4年生か5年生になると、父の仕事の関係で同じ沼津市内の我入道（がにゅうどう）に引っ越した。少し遠くなったが、同じ小学校に通った。当時の遊びは、軟式テニスのボールでの野球や、相撲を取るくらいであった。特に相撲の強かった私は、あるとき「みんなかかってきても負けない」と言ってしまった。そうすると1クラス17、18名の男子が、一斉に飛びかかってきた。それでは相撲にならないので、私は少しずつ逃げながら、クラスの男子全員をひとりずつ投げ飛ばした。

中学は、住んでいた区域の沼津市立第三中学校に進む。部活動はサッカーをやろうと友人に勧められたが、2週間ももたなかった。バレーボールも数日やってみたが、これも自分には向いていないと思ってやめた。冬になると近所の先輩から、「水泳部に入らないか」と練習に誘われた。中学にプールがないので、多くは海で泳ぐことが練習だったようだ。だが冬だったので泳ぐことはできず、牛臥（うしぶせ）海岸の砂浜を走っただけだった。面白くないので1日でやめた。中学校時代は部活動には入らなかったが、あだ名は「怪物」と言われていた。多分体育の授業やその他の遊びで、みんなが私の力の強さを感じたからであろう。

陸上競技を始める

陸上競技を本格的に始めたのは高校からである。それもはじめは長続きしないと思っていた。発端はその前年である1960年、中学3年生のときのことであった。それまでは部活動にも参加せず、帰宅後は沼津の海や山や川で、遊んでばかりいた。それには理由があり、前述の通り、私は相撲が強かった。そして父は柔道四段であった。私の通う沼津市立第三中学校に、相撲部か柔道部があれば、私は間違いなく、相撲か柔道の道に進んでいただろう。しかし中学には相撲部も柔道部もなかった。そのため、私はほかの部活動にはまったく興味がなかったのである。

その夏、私の住んでいた沼津市の我入道という地区で相撲大会があった。各町内の中学生の団体戦が終わった後、ある青年から声がかかり、私を青年の部に出すように審判長に告げた。審判長が私に参加するかどうかの確認を取り、私は緊張しながらも青年の部に出場した。気合が入った。相手はほとんどが漁師でみな強かったが、私は3人抜いて優勝した。初めてまともな相撲が取れたと思った。

その後しばらくして、父の知り合いで大相撲の時津風（ときつかぜ）部屋に縁のある方の紹介により、私の勧誘が始まった。15歳の当時、私は身長178cm、体重78kgで、新弟子検査に合格する身体（からだ）をしていた。当時の時津風部屋所属の親方で、現役時代の四股名「不動岩」（長身で210cm以上あった）が、数回足を運んでくれた。また大相撲の巡業が沼津に来たときは、大関・北葉山とも話をして、時津風部屋入門が決まりかけていた。

時を同じくして1960年の夏、テレビが家庭に普及し始めたころである。ローマ・オリンピックの陸上競技を、私はテレビで見ていた。そして世界のトップ選手たちが一堂に会し競い合う陸上競技に興味を覚え、興奮しながら観戦した。特に印象的であったのが、100m走のアルミン・ハリー（西ドイツ）、男子砲丸投げのビル・ニーダー（アメリカ）、三段跳びのヨゼフ・シュミット（ポーランド）である。また砲丸投げや三段跳びは、初めて見るものであった。早速大きい石を集め、近所の空き地で砲丸投げの真似事をした。また数名の仲間と路上（舗装されていない土の脇道）に線を引き、それを踏切線として三段跳びをやってみたところ、仲間の倍近く跳んだ。砲丸投げの真似事も面白く、その後も1週間から10日ぐらい続いたであろうか。

そうするうちに、どうしても本物の砲丸を投げてみたくなった。そして夏休みが終わろうとするころ、担当の野田俊雄先生に連絡し、中学まで出かけた。当時、沼津市立第三中学校に陸上競技部はなかったが、沼津市の中体連の陸上競技大会に出るため、何人かの生徒が練習をしていたのだ。

石とは違って、鉄の丸い砲丸は投げやすかった。野田先生から「結構飛んでいるよ。試合に出てみたら?」と言われて、私は中体連の大会に出場することになる。また先生に三段跳びにも出ていいかと聞くと、「跳んでみるか」と言われた。跳んでみるとこれもかなり跳べたようで、砲丸投げと三段跳びの2種目の出場となった。

そうして迎えた、沼津市中体連の陸上競技大会。砲丸投げは13m少しを投げ、2位だった。もうひとつの三段跳びは、なんと12m30cmくらい跳んで、優勝した。その後、静岡県東部の大会、そして県の大会にも出場し、2種目とも記録は少しずつ伸びる。

するとその秋、「陸上競技をやらないか」と、日本大学三島高校の田中誠一先生と富士高校の加藤晴一先生より誘いがあった。まさか陸上競技から勧誘があるとは思ってもみなかった。どうやら砲丸投げと三段跳びの組み合わせが珍しかったのか、また178cm78kgの大きな身体で三段跳びに出場し、県大会でも入賞したのが、目立ったのかもしれない。ふたりの先生は、熱心に家に足を運んでくれた。

だが私は、大相撲に行くことをほぼ心の中で決めていて、父もそれに賛成してくれた。しかし母は悩んでいたようだ。中学を出て大相撲か、高校に進んで陸上か。今では考えられないが、当時相撲取りになるには、義務教育の中学校を卒業してすぐに、相撲部屋に入るのが慣例であった。

そして、この陸上競技の勧誘があってから、母は大きく気持ちを変えたようである。渡りに船と言ったところであろうか。母はかつて短距離走と砲丸投げの選手で、神宮大会（今の日本選手権）にも出場した経験がある。そんな母は、中学の校長先生や母の同級生である沼津市長にまで、相撲と陸上競技のどちらに進むべきかを相談したようだ。また祖母は占い師のところにも行った。そして母は私の説得にかかる。「相撲は高校を出てからにしたらどうか」と言うのである。１９６０年の中学3年生の夏休み前まで、私は沼津工業高校に入り、建築を学ぼうと思っていただけに、大きな方向転換であった。スポーツにこれだけの才能があるとは、私自身思ってもみなかった。

進むべき道が定まる

かくして日大三島高校に入学し、陸上競技を始める。顧問の田中先生の「身体が大きいので投擲種目が良いだろう」との言葉を受けて、私は砲丸投げ、円盤投げ、ハンマー投げの3種目を始めた。砲丸投げは少し経験があるものの、円盤投げ、ハンマー投げは初めてだ。練習は、

砲丸投げ、円盤投げ、
ハンマー投げの３種目に
取り組んだ高校時代

陸上競技部員全員でウォーミングアップを行ない、その後ダッシュやハードル、そしてジャンプ系統の補強を行なう。中学生のときにほとんど運動らしきものをやっていなかった私は、身体がもたない。高校卒業後には大相撲に行こうと思っていただけに、厳しい練習に耐えようという気持ちもなかった。そのため、よくさぼった。

しかしこの3つの投擲種目の記録は、順調に伸びていった。その夏、静岡市の草薙陸上競技場で全国高校陸上競技大会（インターハイ）が行なわれた。出場資格のない私はスタンドで、ハンマー投げの試合を見ていた。選手が立つサークルから扇形に伸びるサイドラインと、50m、55m、60mの記録のラインが表示されている。鈴木昭男選手（不動岡高校）の55mのラインを少し超えたところに落ちたハンマーが、優勝記録となった。

私は現役時代、最終的には4回転投げで投擲していたが、このころはまだ2回転投げを始めたばかりであった。記録もようやく40mを少し超えてきたあたりであったが、私はなぜかこのハンマー投げはやれそうだと思ったのである。投擲のための回転ができるようになると、小学1年生のときに喧嘩をさせられて、とっさに相手の腕を持ち、自分の身体を斜め後ろに預け、2回、3回と振り回して投げた感覚がよみがえった。ハンマーもそのようにして投げると、回転ごとに加速して、より遠くまで飛ぶのである。子どものころから私には、誰に教わるでもなく「良い投げの感覚」が身についていたようだ。その年の秋の試合で、私は46mまで記録を伸ばした。

そしてシーズンオフとなり冬の練習が始まり、3回転投げを試みた。そうしたらすぐに、1日に2mから3mずつ記録が伸びていく。家に帰って、そのことを父に伝えると、最初の日はまだ信じていたが、次の日に「また2m伸びた」と言うと、「そんなことがあるか」と取り合ってくれない。しかし日に日に記録は伸び、なんと1週間のうちに10m以上記録を伸ばして、57mまで達した。練習とはいえ、全国インターハイで優勝した選手の記録を上回ってしまったのだ。これにはさすがに親も驚いた。私としても、技術も知らないのに、ハンマーが遠くに飛んでいく。自分でも驚いた。

練習をしっかりやるようになったのは、このころからであろうか。それは次の年の全国インターハイで、優勝する見込みが出てきたからである。「ハンマー投げは面白いな」と思うようになってきた。

1962年、2年生の陸上競技シーズンが始まる。静岡県東部大会、県大会、そして東海大会と、私はハンマー投げで60m近くを投げて優勝し、全国インターハイに駒を進める。全国大会は大分市で行なわれた。私の投擲は60mを超え、2位を大きく引き離して優勝する。また砲丸投げも2位となる。さらにその秋、東海総合大会が名古屋市で行なわれ、なんとハンマー投げで64ｍ台の高校新記録を投げた。わずか1年半でここまで伸びるとは、信じられない気持ちであった。大相撲行きは、もはや眼中にない。

あくる1963年、高校3年生のシーズンが始まる。前年の東海大会の円盤投げは3回ファウルをしたため、全国大会の出場権を失った。だがこの年は静岡県東部大会、県大会、東海大会で、砲丸投げ、円盤投げ、ハンマー投げの3種目ともノーミスで優勝し、新潟県で行なわれた全国インターハイに進む。

そして全国インターハイ。ハンマー投げは64ｍ88㎝の高校新記録で優勝、円盤投げは49ｍ台で優勝、砲丸投げは15ｍ97㎝で優勝した。全国インターハイの陸上競技で初の、3種目制覇であった。

その後、東西対抗や国体を残していたが、高校のグラウンドで、走り幅跳びの選手の練習に刺激を受けて、跳んでみたところ、「バキッ」という音とともに左足首を骨折した。足首は捻挫状態がずっと続いていたので、それが原因だと思った。約1か月間入院し、その後は少しずつ動いて、回復を待った。この静養の期間に私は、どの道に進むべきかと熟考した。そして回復と同時に、高校記録を出したハンマー投げでオリンピックに出ることを決意するのである。

オリンピックに向け始動

1964年、東京オリンピックの年に日本大学に入学する。骨折した足も順調に回復し、ハンマーも普通に投げられるようになった。当時のハンマー投げの世界記録は、アメリカのコノリー選手の70m台。また日本では、菅原武男さんの67m台が日本記録であった。菅原さんは私より7つ年上で、リッカーミシンの陸上競技部に所属し、日大のOBであったことから、日大をホームグラウンドにされていた。

またひとつ上の学年に、石田義久さんがおられた。石田さんは、私が高校2年生だったときの全国インターハイ砲丸投げの優勝者である。私はそのときの砲丸投げは、運良く石田さんに次いで2位だった。高校時代の石田さんはハンマー投げをあまりやっていなかったようだが、私が大学に入るころには、石田さんもハンマーを投げるようになっていた。また日大には4年生に、大下さん、田中さんと、60mを超える先輩選手もいた。さらに菅原さんを長く指導されてきた、日本大学陸上競技部監督の釜本文男先生の存在は、私にとって大きなものであった。

そのころの私も高校用のハンマーであれば、日本記録を狙えるところにあったのだが、一般用ハンマー16ポンド(7・26kg)と高校用ハンマー12ポンド(5・45kg)では重さが異なる。ハンマーはワイヤーと取手を含めての重量であるが、この一般用のハンマーは高校用ハンマーと比べて、8mから10m飛ばなくなる。これは、重くなるほど、投げ出した瞬間のハンマーのスピード（初速）が落ちて、飛距離を縮めるためである。ということは、骨折したあと練習ができなかったことも考えると、入学当時の一般用ハンマーでは、57mを投げるのが精一杯というレベルであった。

また東京オリンピックの、ハンマー投げの参加標準記録は63mで、これは国際陸上競技連盟が定めるものであり、1か国につき出場者3名という規定がある。オリンピックに出場するための参加標準記録が63mというのは、今の水準では考えられないような低いレベルであるが、当時の世界記録が70mを少し超えたところにあったことを考えると、妥当な基準であろうか。当然、このオリンピック参加標準記録を超える力は、当時の私にはない。そこで私は、次のオリンピックであるメキシコ五輪への出場を目標にした。メキシコ・オリンピックは1968年、私が大学を卒業する年に開催される予定だ。私の1年生でのベスト記録は、59m台だった。

その年の秋、東京オリンピックが開催された。ハンマー投げの優勝記録は、ソ連のクリムの69m台であった。日本の菅原さん、岡本登さん、笠原章平さんも期待されたが、入賞はできなかった。

2年生の春に私は61m近くを投げて、ユニバーシアード・ブダペスト大会の代表に選ばれる。初の海外遠征に興奮した。ユニバーシアード大会の前にドイツのハンブルクで試合があった。そこに登場したのが、東京オリンピックで68m台を投げて3位となった、西ドイツのバイエルである。バイエルは私と同い年の19歳、憧れを持っていた選手と試合できる喜びを感じた。だがバイエルとの力の差は大きかった。

この試合後、ユニバーシアード大会となる。ここでも、東京オリンピックでハンマー投げ2位の地元ハンガリーのジボツキー、そして6位のソ連のバカリノフの出場があった。結果は私が59m台で運良く6位であったが、彼らと試合できたことが嬉しかった。

数週間の遠征から帰国して、日大のグラウンドで石田さんの投げを見ると、なんと63m前後を投げていた。ユニバーシアード大会の選考会で、私に僅差で負けて代表になれなかったことが、大きな発奮材料となったように思えた。先に述べたように、石田さんがハンマー投げを本格的に始めたのは、大学に入ってからである。もともと動きに関しては素晴らしい感覚の持ち主で、砲丸投げも日本のトップにあった。その石田さんがハンマー投げを本格的に始めたことで、私もうかうかしていられなくなった。

猛練習を始める

ハンマー投げの練習は、ハンマーを投げるだけではない。体力を高めるトレーニングも重要である。そのトレーニング内容は、ダッシュやジャンプ、そしてバーベルを使用したウェイトトレーニングを主に行なう。特に瞬発力を高める目的があるので、ダッシュは30mから50mの短い距離を全力疾走する。またジャンプ系の主な練習には、立ち五段跳びがある。これには脚を交互に繰り出していくものと、両脚を揃(そろ)えて跳んでいくものがあり、気を抜かず全力で行なう。ダッシュは短距離の一流の選手に負けないように、ジャンプも一流の跳躍選手に負けない気持ちで行なう。ウェイトトレーニングも、スクワットを中心に脚力を強化する練習、デッドリフトやスナッチ、クリーンなど、背筋力と脚力を強化する練習、そしてベンチプレスなどによる腕力の強化も行なう。

これらのトレーニングは、ダッシュやジャンプは比較的短時間で終わるが、ウェイトトレーニングは全身の筋力を高めていくため、2時間から3時間かけて行なう。ウェイトトレーニングにおいては、疲労度を考え、インターバルを取りながら行なっていくが、真冬でも筋肉は熱を持ち、汗が出てくる。さらに、正しい姿勢で行なわなければ故障にも結びつくので、気は抜けない。特にマックス（1回挙がるかどうか）の重量で行なうときは、死と隣り合わせにあるような緊張感を持つ。

たとえばフルスクワットをマックスの重量で行なうとき、背筋をしっかりと伸ばし、肩に担いだバーベルの重さを両膝に乗せながら曲げていき、深くしゃがみ込む。だが脚や腰が高重量に耐えられず、立ち上がることができないこともある。高重量のバーベルを担いでいるわけだから、身体の前に落としたら、首や頭蓋骨の損傷が起きかねない。そのためにも、身体の後ろにバーベルを落とすことを考えた姿勢で、フルスクワットを行なう。

これは大学卒業後のことであるが、ベンチプレスのマックスに挑戦して、挙がらずに大変な思いをしたことがある。１６０kgが挙がらず、胸にシャフトが落ちた。その場には私のほかには誰もいない。そのままでは大変なことになるので、とっさにシャフトを胸から腹に向けてねじり下げていった。へそのあたりを過ぎたところで上体を起こし、立ちあがってバーベルをベンチプレス台に置いた。なんとか事なきを得たが、その際胸からお腹にかけて赤いあざのようなものができた。１６０kgの重さのあるシャフトを、胸から腹の上に転がしたわけだから当然であろう。このような高重量をあつかうウェイトトレーニングは、常に危険と背中合わせだ。

ウェイトトレーニングは、私が大学に入る少し前まで、日本の陸上競技界ではほとんど行なわれていなかったようだ。釜本監督が、海外では投擲選手が行なっているということで、早稲田大学の窪田登先生（ローマ・オリンピックウェイトリフティング日本代表）の指導を受けて、日大でも始めたとのことである。私も先輩たちの指導を受けながら、見様見真似でやっていた。大学から始まったウェイトトレーニングは、私にとっては厳しい経験であった。

私の先輩である菅原さんは、ダッシュ力、ジャンプ力、さらにウェイトトレーニングで鍛えた全身の筋力に、相当なものがあった。このような身体的能力がなければ、ローマ、東京と二度のオリンピックの出場はないとも思った。

この菅原さんの体力に近づいていったのが、石田さんである。石田さんもダッシュ力があり、ジャンプ力もあった。あるときベリーロール（当時は背面跳びのなかった時代）で、それもハンマー投げ用のゴム底シューズで、１８０cmを跳んでみせた。もちろんウェイトトレーニングも全般的に強く、特にハイクリーンで１６０kgを挙げていた。

さて一方、私であるが、ダッシュ力、ジャンプ力は菅原さん、石田さんと変わりはなく、特に50mのダッシュ力は常に6秒を切り、ベストは5秒8。立ち幅跳びは楽に3mを超え、３m40cmがベストであった。ウェイトトレーニングはスナッチの伸びが早く、１００kgは1年生の夏に、フルスクワットの２００kgは3年生で達成した。総合的筋力は、菅原さん、石田さんに少し後れを取っていたので、意識して多く行なった。

そして肝心の投擲に関しては、菅原さんは、投げる日は3～5時間かけて、常に100本以上を投げていた。菅原さんの投げの技術は、世界のトップクラスにあったので、大いに参考となった。一方、石田さんの投げる本数は多くなかったが、常に技術改良を意識して投げていた。このふたりの先輩を参考に、私は投げの本数を多くしながら、「良い投げの感覚」を得ようと試みた。

また私が質問をすると、菅原さんや石田さんは、技術的アドバイスを快くしてくれた。さらに釜本監督は指導だけではなく、時には16㎜フィルムの映写機で、東京オリンピックの投擲選手の映像を見せてくれた。フィルムで見る世界のトップレベルの選手たちの動きは、それぞれ個性的で異なるものを感じた。当時はビデオもない時代であり、見て学ぶことがいかに重要であるかを、このとき痛感した。

さて1965年のシーズンは10月で終了し、いよいよ重要な冬期鍛練期に入る。シーズン中は試合で好結果を得るため、疲労困憊(こんぱい)に陥るトレーニングは避け、総合的体力を維持する程度で推移していく。このため冬期練習は、総合的体力や投げる力をつけていく、絶好の期間である。冬期練習は11月から始めて、翌年の3月末まで行なう。私は強くなるため、いわば修行僧になったような気持ちで、この冬期練習に入っていった。

それまで1日30本前後だった投げが、その倍の60〜80本になり、ダッシュやジャンプ、そしてウェイトトレーニングの量も増やした。この練習は「3日やって1日休養」「2日やって1日休養」を繰り返していく。休養日がなければ、これだけ厳しい練習には耐えられない。授業との兼ね合いもあるのだが、練習の多くは早朝、午前と午後に行なう。

昼食時に合宿所に戻り、少し休憩をとる。当時の合宿所は、木造2階建ての古い建物であった。暖房器具などはなく、火鉢も食堂の土間にしか置いていない。洗濯機もなく、外の井戸水を使い、たらいと洗濯板で行なう。風呂もなく、銭湯に通う。銭湯の帰りの寒いときは、垂らした手拭いが凍りついて、上を向けると立つほどだった。合宿所には7つか8つの程度の部屋があり、1部屋は6畳から10畳程度の大きさであった。大きい部屋は、8人程度で生活する。押し入れに襖（ふすま）はなく、先輩たちは押し入れの中に頭を突っ込んだ状態で、布団に入る。

このような環境の中、厳しい冬期トレーニングの昼の休憩時には、寒いので布団の中に入る。坊主頭は寒いので布団をかぶる。上を向いて布団をかぶると、鼻と口をふさいだ状態になる。当時の布団は綿で重く、疲労のあまり深く寝込んでしまったときは息ができなくなる。なにしろ疲労困憊で身体が動かないのである。意識の中では苦しいが、身体が動かない。このままでは死んでしまうと思い、渾身(こんしん)の力を振り絞って布団をどける。そしてやっと呼吸ができるようになる。起きてしまえば布団など軽いものだが、布団も上がらないほど疲れているということである。このような状態になるのは私だけだったかもしれないが、その後2年の真冬に何度も、布団で窒息しそうになった。こうした二度の厳しい冬期練習を経て、3年生の陸上競技シーズンが始まった。

スランプに陥る

1966年、大学3年生のシーズンが始まり、5月末か6月であったか、国立競技場での試合で64m46㎝の自己新記録を投げる。このときの投げの感触は、いまだに残っている。この試合で初めて、私はアジア大会の日本代表となった。過去2年の冬期の猛練習が実り、ここまで記録を伸ばしたことで、私はさらなる記録向上に向けて練習を続けた。しかしこの試合の直後から、ハンマーは飛ばなくなり、それが秋まで続いた。4か月もそのような状態が続くと、スランプに陥ったことを認めざるを得ない。

スランプ脱出のため、早く冬期練習に入りたかったが、アジア大会はタイのバンコクで12月に行なわれる。大学に入ってからの2年間、11月から翌年の3月まで行なってきた冬期練習も、例年通りのスケジュールで行なうことはできなかった。スランプからの出口が見えないまま、私は初のアジア大会へと向かった。

12月のバンコクは、日本の真夏以上に暑かった。試合当日までのウェイトトレーニングは、日本の重量挙げ競技協会が持ってきたバーベルを借りて行なうことができた。重量挙げの練習場には、東京オリンピック重量挙げの優勝者である三宅(みやけ)義信さんもおられた。私はスプリットスタイルのスナッチで120kgを挙げ、次の125kgも成功した。これを見ていた重量挙げ選手から「強いな」と言われた。また当時世界記録を更新し続けていた大内仁(まさし)さんから宿舎に呼ばれ、腕相撲をした。大内さんは私に「重量挙げ競技に出てみないか」と言った。

だが肝心のハンマー投げのほうは相変わらずスランプ状態のままで、本番の日を迎える。記録は60mを超えたあたりだったと思うが、菅原さんに次いで2位であった。

日本に帰国して、すぐにでも冬期練習を始めたかった。しかしバンコクの猛暑から日本の一桁台への温度差に、身体はすぐに順応しない。私は風邪をひきやすい体質のため、熱を出した。本格的に冬期トレーニングを始めたのは、翌年1月からである。3月までの3か月間の、短い冬期トレーニングであったが、前年より練習量を増やした。特に投げの練習は、スランプを脱するため、100本前後はいつも投げた。ダッシュやジャンプ、そしてウェイトトレーニングの量も増やした。筋肉量も増え、体重も92kg前後となった。

そして迎えた4年生のシーズン、春先に64m66cmの自己新記録を投げて、スランプを脱したかに思えた。しかしそのベスト記録も6本の試技の中の1本だけで、その後の試合は61mから62mに終わり、秋の試合を迎えた。

この秋の試合は、重要な意味を持っていた。私がめざしてきた1968年のメキシコ・オリンピックの、参加標準記録の有効期間に入ってきたからである。その標準記録は64mであった。私はこの記録を、3年生の春と4年生の春に二度超えている。だから、標準記録を超える可能性はあると思った。しかしそれを超えることの難しさも、練習で感じていた。数試合に出場したが、やはり結果は62m弱が最高だった。標準記録の64mには届いていない。

この秋、菅原さんは68mを超える日本新記録を投げる。さらに石田さんも66m台を記録する。ふたりの先輩は、楽々と64mの標準記録を超えていった。

どん底まで落ちる

高校卒業以来、大きな目標としてきたオリンピック出場がかかっている。私は大学最後の冬期練習に懸けた。それも猛練習で乗り越えようとした。この冬期練習は、私の選手生活の中でももっとも厳しいものとなった。そしてこの時期、大昭和製紙に入社が決まる。11月から始まる冬期練習の多くは、1日を早朝、午前、午後と3回に分けて行なう。疲労困憊の状態は続いたが、精神力で乗り越えようとした。

　冬期練習が1か月半を経過したころである。入社の決まっていた大昭和製紙陸上競技部のマネージャーより、合宿を翌年の1月末、千葉県の検見川（けみがわ）で行なうと連絡が入った。当時は、大昭和製紙、リッカーミシン、東急、旭化成、ユニチカ、日立、東洋工業など、多くの企業が陸上競技部を持ち、男女20名前後の選手のサポートをしてくれていた。特に大昭和製紙は、全日本実業団選手権の優勝に重きを置いていた。私は、その大昭和製紙の合宿に参加したのである。男女の短距離選手、中・長距離選手、跳躍選手、投擲選手とマネージャーを合わせて、20名以上いたであろうか。

　検見川の練習場は１９６４年、東京オリンピックの陸上競技の強化のため、ゴルフ場の跡地に造られたものであり、その中に簡素な陸上競技場があった。ハンマーを投げる場所は、その陸上競技場より離れたところの原野にあり、コンクリートのサークルがふたつあるだけで、防御用のネットもない。ハンマー投げ選手は私ひとりであったことから、山に籠もったような気持ちで集中できた。

思い返せば、菅原さんは、東京オリンピック前から検見川でよく合宿をしたと言っていた。実際に来てみると、たしかに長距離選手がたまに遠くを走っているくらいで、雑音がまったく入らず、投げに集中できる。食事と風呂の心配もいらないからなおさらである。

私はこの検見川合宿で、３００本を投げることを決意した。３００本とは、1日で投げる本数である。以前に1日30本前後から60~80本へ本数を増やしたときも、かなりの疲労を感じた。さらにオリンピックをめざし、１００本前後に本数を増やしたときの疲労度は、尋常ではなかった。そのころから、「人はいったい1日のうちに何本ハンマーを投げられるのだろうか？」と思っていた。時期を同じくして、菅原さんがリッカーミシンの合宿に行き、２００本投げたと私に告げた。当時１００本前後が疲労の限界にあった私は、菅原さんの投げに対する持久力に驚きを感じた。そしていつか、菅原さんの２００本を超える投げをしてみたいとも思った。

そのこともあって、大昭和製紙の検見川合宿で菅原さんの２００本より１００本増やして３００本投げをする決意をしたのである。ハンマーを１００本投げるには、急いで投げても3時間以上かかる。それが２００本であれば6時間。さらにそれより１００本増やして投げるのであるから、9時間以上となる。疲労困憊になることはわかっていたので、合宿のはじめにやると決めて検見川に出かけた。

しかし運の悪いことに、検見川の宿舎に着いたときには、雪が降って積もり始めていた。その翌朝、雪はやんでいたが、地面に積もっている。この程度であればやれないことはないと朝食を手早く済ませ、パンと牛乳を近くの店で買い、ハンマーを持って投擲場に着いた。急いで投げても9時間かかるので、8時過ぎには投げ始めた。

当時の私は3回転投げであったが、練習時は1回転投げや2回転投げも行なう。時間がないので、1回転投げや2回転投げは、ハンマーの落下点近くの雪をどかせた土の上から、今投げたサークルの方向に向けて投げ返す。1本投げるたびに、棒で地面に本数を記していき、300本投げ終わったのは夕方の6時ごろで、あたりはもう薄暗くなっていた。宿舎に戻り、食欲もないが夕食を食べた。とにかく疲れた。食後すぐに横になったが、それから熱が出た。300本投げを行なったのは、長い選手生活の中でもこの1日だけであった。

検見川合宿が終わり、日大に戻ってからも猛練習は続いた。そして迎えた1968年。メキシコ・オリンピックのシーズンが始まる。私は日本橋にある大昭和製紙東京支社に配属。午前中だけの勤務で、午後は日大で練習をさせてもらった。大昭和製紙の同期には棒高跳びの井上恭一郎や、100m走の石川準司もいて、午後はそれぞれの母校での練習に向かった。私は下高井戸駅の近くにアパートを借りて住んでいたが、昼食を済ませて戻るとトレーニングウェアーに着替えて、自転車で日大のグラウンドに直行する毎日だった。

練習はシーズンに入ると、少しは軽くするのだが、それでも4～5時間は行なう。しかしハンマー投げのほうは、依然として停滞したままだ。ほとんどが60mを超えたところに落ちるのだが、64mを超える気配はない。試合もオリンピック最終選考会までに数試合あったが、62m前後しか投げることができなかった。

そしてその春、菅原さんが68mを超える日本新記録を出す。さらに広島の東洋工業に就職した石田さんは67mを記録した。毎月のように日大に合宿に来ていた、石田さんの練習投擲を見ても、私との差は5～6mある。石田さんの記録の伸びが、菅原さんを刺激したのであろう。ふたりの先輩を近くで見ている私にとっては、絶望的な思いであった。

そしてメキシコ・オリンピック最終選考会である、日本選手権がやってきた。64mのオリンピック参加標準記録を期間内に超えていない私にとっては、最後のチャンスである。だが依然として64mを超える感覚を持てないまま、試合となった。その悪い予感は的中。私の記録は、なんと59m台とそれまでの2年間経験したことのない、悪い記録であった。順位も5位か6位だったと思う。さらにその試合で、菅原さんは69m台の日本新記録を、石田さんも再度67mを記録する。実に菅原さんと私の記録の差は、10mと致命的なものになってしまった。その後もシーズン中であったため、出場すべき試合はあった。だが日大のグラウンドには行く気になれず、私は考え込んだ。過去にないほどの猛練習をして、最悪の状態に陥ったことに、打つ手を失ったのである。酒を呑(の)んで忘れようともした。しかし惨めな思いは、何をしても消し去ることはできない。

第2章 至高の投擲を求めて
――マクロからミクロへ　ミクロからマクロへ

1983年10月2日、東京・国立競技場、
第67回日本陸上競技選手権大会での著者。
ハンマー投げ71m66cmで10連勝11回目の優勝

写真：毎日新聞社／アフロ

岐路

「ハンマーを投げるのをやめよう」と何度も考えた。だが、やめる決心はつかない。ハンマー投げに対しての未練があるのだろうか。だが、どうやら未練ではない。では、何なのか。悶々(もんもん)とした日が続いた。そのうち「菅原さんや石田さんにできて、どうして自分にはできないのだろう?」と思うようになった。このときから私は、自分を深く見つめるようになる。結果がある以上、必ず原因があるはずだ。心・技・体という格言があるが、そこから考えてみた。

まず「心」であるが、やる気がなければ「技」も「体」もない。「心」には広い意味があるが、私にはその心の中に、強い精神力があった。だからこそ3年間もの厳しい練習に耐えられたのである。さらに強くなるため、足りないようであれば、まだ苦行を課したかもしれない。このため「心」の問題ではないと思った。

とすると「体」はどうか。この「体」、ハンマー投げで必要とされる瞬発力的体力は、菅原さんや石田さんと変わらない。となると、残るは「技」しかないのである。この「技」をとことん追求していこう。これにより必ず道は開けると信じた。

そしてまず考えたことは、自分のハンマー投げの動きを見ることだった。釜本監督に8㎜カメラを借り、そして後輩に自分の投げを撮ってもらう。そのフィルムを写真店に持っていく。だが現像は1週間かかる。それまで自分の投げを一度も見たことがなかったため、現像が待ちどおしかった。会社から帰る。写真店に行ってフィルムを受け取る。そして部屋に戻り、釜本監督に借りた映写機に、現像したフィルムをセットする。スクリーンとなる襖に、私の投擲を映す。

どのくらい見たであろうか。しかし動きはよくわからない。普通に3回転して投げているように見える。たしかに練習場で見る菅原さんと石田さんの投げ方は、それぞれ違う。そして今見ている私の投げ方も、ふたりとは違う。では、どうして菅原さんや石田さんと私との間に、大きな記録の差ができてしまったのであろうか。次の日も次の日も会社から帰ると、グラウンドには行かずに、何時間も自分の投げを見続けた。

そのうち9月になった。メキシコ・オリンピックがテレビで放映される。ハンマー投げは菅原さんと石田さんの、予選と決勝が放映された。決勝は、菅原さんが69m78㎝の日本新記録で、3位と同記録の4位（同記録の場合、試技の2番目の記録で順位を決める）となる。石田さんも予選で、67m台の自己新記録を投げた。テレビ放映された菅原さんと石田さんの投擲を、8㎜カメラで撮る。当時のテレビはモノクロで、さらに画面からということもあり、映りは良くなかった。

　会社から帰ると、菅原さんと石田さんの投げと、私の投げを何時間も見比べる。そうしているうちに、私は回転するときに足がしっかりとサークル内のコンクリートを捉えていないことに気づいた。そこで、日常生活の中の歩きから変えてみようと思った。脚を一歩前に繰り出す膝の上に、正しく上体を乗せるようにすること。そのためには上半身は背筋を伸ばして、胸を張っておく。さらに重心を上げ下げして、もっとも地面反力を得る重心の位置を見つけていく。

　またこれらの動作を可能にするため、膝で歩くような感覚（実際は足で歩くのだが、意識としては曲げられた膝から地面に着く感じ）で行なってみた。さらに試行錯誤を繰り返す中、「身体の中のどの部分（筋群）を先に動かしていくべきか？」という問題が生じた。胸を張り、背筋を伸ばした上体を、一歩前に繰り出した脚（特に膝）に乗せるには、丹田を意識して腰を前方に動かしていくことなどを考えて、実践した。

　この歩き方も、会得するのに1年ほどかかった。日ごろ、２００kgを超えるフルスクワットや、ジャンプで鍛えていた足腰であったが、この歩き方を行なうだけで、両膝の周りが筋肉痛を起こすほどであった。またこの歩き方を、ウェイトトレーニングやダッシュ、そしてジャンプにも応用してみた。そのようなことを行なっていくうちに、少しずつハンマー投げの回転は安定していった。私の経験的な理解では、この丹田は、身体全体の筋肉系と神経系の司令塔的な役割をしている。だが頭でわかっていても、動きの訓練をしていかなければ、丹田は機能しない。丹田を理解するには、次のような動作を行なうとよい。

まず両腕、あるいは片方の腕を伸ばして、前に出す。今度は腕の力は使わず、丹田のある、へその下あたりを起点に、腕を上げたり下げたりしてみる。はじめは難しいかもしれないが、この要領がわかると、丹田の位置と働きが認識できるようになる。何か重さのあるものを持ちあげてみると、丹田から腕を動かすほうが楽に力が出せることがわかる。また、そのときの腕には力が入っていないこともわかる。この訓練を、私は20kgのシャフトを持ってよく行なった。腕の上げ下げができたならば、次は丹田を起点とした、歩きや走り、その他の多くの動きをしてみるとよい。動かし方のレベルに応じて、丹田の使い方も異なってくるので、効率の良い動きの追求は、絶えずしておかなければならない。

話をハンマー投げに戻すと、私は「何か見つけるまでグラウンドには行かない」と決めて、襖に映した映像を見続けた。そこには何かがあるはずだと思って、何度も繰り返して見た。しかし問題点は、すぐには見つからない。そこで、全身だけを見ていてもダメだと思い、身体の各部位をじっくり見ていくことにした。本を2冊持って、見るべきところ以外は本で隠す。たとえば足、膝、胴体、肩、腕、頭、視線といった具合に、各部位を2~3時間は見る。さらにメキシコ・オリンピックの菅原さんと石田さんの映像と、私の映像を比較していく。身体とハンマーを含めた、全体で投げている動作に結びつけて、見ていく。体の各部位から全身まで、徹底的に観察する。このころ、1日11時間以上は、ハンマー投げの映像を見ていた。

そうしているうちに、自らの問題点がわかり始め、「ここを直せば良いのでは?」というアイディアが生まれてくるようになる。それからである。アイディアは、泉のごとく湧いてくるようになった。そのアイディアを、頭の中だけに留めておいては何もならない。出てきたアイディアを試そうという意欲が、そこからまた生まれる。靴下を履き、畳の上で、今描いたイメージを実践してみる。それも何度も何度も繰り返して、投擲の感覚をつくっていく。アパートの狭い部屋だったので、3回転はできず、せいぜい2回転まで。柱や襖に手をぶつけても痛くないように、タオルを巻いて行なった。

長いスランプから抜け出すためには、それまでの自らの行為に関する固定観念を捨て去り、白紙の状態からスタートする。それをしなければ、新たなイメージは出てこない。もちろん、夜中であろうとアイディアが湧けば、イメージを整え、布団をたたんでスペースをつくり、実践をしていく。なぜならば翌朝になると、そのイメージを忘れることがよくあったからだ。ま

シャフトを利用した丹田のトレーニング。実演は福田翔太選手（住友電工）

た、同じ投げの映像も、進歩した時点で見ると、以前とは異なって見える。これは目が肥えてきたためであろう。思い返せば、この自己探究の時期が、その後の私の人生を変える、大きな岐路となったのである。

発展

はじめは2～3週間かかったであろうか。身体の各部位の動作と投擲の全体のイメージを、部屋の中で実践し、感覚がまとまったときに投げにいく。そして投げたものを後輩に撮ってもらい、またそれを見る。これを繰り返していく中で、これまでにない良い感触を得て、自信を持つことができた。猛練習をしていたときと比べると、練習量は5分の1か、それより少ないかもしれない。

さらに私は、歩き方の研究やフィルムによる投げの研究だけでなく、技の向上を促していくものはまだあると考えた。それはハンマー投げの動作の本質的な原理を知ることであり、それには力学をもっと学ばなければならないと思ったのである。そのヒントのひとつは、釜本監督がよく言われていた小野勝次先生（名古屋大学名誉教授）の著書『陸上競技の力学』（同文書院、1957年）の中にあった。

当時、この書は絶版であったため、釜本監督がその内容を私に説明してくれた。「回転中の両足をできるだけ長く着けておくこと」。これはすぐに効果が出た。ハンマー投げの回転時、左軸足は重心を踵(かかと)から足先(各指の付け根)に移動しながら、サークル内のコンクリートに着けて回る。だが右足は離してまた着地をする。その離れるまでの右足を、できるだけ長く着けておく工夫をするのである。これによりハンマーヘッドの加速感や安定感は、それまでと異なるものとなった。この経験を通して私は、力学を学び実践していくことの重要性を強く感じたのである。

ハンマーを投げるときは1本ずつイメージを整えて投げ、投げ終わるとそれがどうであったかを考え、次の投げに備える。その日にどうしても問題点を解決できない場合は、部屋に戻ってからその解決策を考える習慣もつけた。今つくりあげた投げのイメージを、身体で表現することを始めたのである。そうであれば、イメージのレベルを上げていかなければならない。いわばものづくりをする人、たとえば陶芸家のような心境になってきた。

秋を過ぎ冬期練習に入ったが、フィルムからの映像によりアイディアを出して、イメージづくりをして投げていく、このスタンスは変えず行なった。またダッシュやジャンプ、さらにウエイトトレーニングも、変化していく投げに対する補強として行なった。菅原さんや石田さんと一緒に、検見川で合宿も行なった。菅原さんと石田さんの投げも、撮らせてもらった。

そして冬期練習が終わり、1969年の陸上競技シーズンが始まった。自信はあった。2試合目で、65m50㎝の自己新記録を投げる。そしてまだいけると思った。続いて、7月のヨーロッパ遠征。菅原さんと石田さんも一緒であった。64mから65mを投げて、遠征最後のストックホルムの大会では、67m18㎝まで記録を伸ばす。日本に帰り、釜本監督に結果を報告すると喜んでくれた。自分のフォームを研究することにより救われた私は、その後もフィルムによる研究は怠らなかった。

ハンマーの飛距離は、投射スピード（初速）でほぼ決まる。たとえば秒速30mのスピードで投げ出されたハンマーは、83mほど投げることができるが、これを秒速29mに下げると飛距離は10m近く落ちて、73mくらいになる。これは空気抵抗を受けやすいテニスボールなどを除き、砲丸やボウリングの球であっても変わらない。

投射角、投射高、さらに空気抵抗なども飛距離に影響するが、これらの要素は、ハンマーにおいては微々たるものである。このことから投射スピードがもっとも重要な要素で、回転ごとにハンマーを加速していき、投射時に最大のスピードになることを目的として、投擲を行なう。このために身体の各筋群は、ハンマーを加速するためのイメージを持たせることが大事になる。

ハンマーを加速するための各筋群を働かせるイメージづくり（感覚づくり）は、どこでもできるので、私は横になり目を閉じてよく行なった。このようなイメージづくりをして、実際にハンマーを投げると、そのイメージ通りの投げとなるのである。

このころであろうか。私は「身体の動きの特性利用」についての考えをまとめた。そしてこの特性利用により、私のハンマー投げの技術はさらに進歩していくと思った。身体の動きの特性利用とは、「ひねりとひねりの戻し」「移動」「地面反力を高める姿勢」「後方への倒れ込み」「左半身のブロック」などである。二度のスウィングを経て3回転（私は29歳までは3回転投げであった）で投げる中、私は自分の投擲にこれらの要素を組み入れていった。

これは専門的な話になるので、本書の後半で改めて説明するが、身体の特性利用がある程度できるようになると、私は今まで以上の飛距離が出せるようになった。だが毎回というわけではない。不思議なことだが、良い動きができても必ず崩れるときが来る。それは疲労を伴う生理的問題や技術の成熟度、さらに心理的な原因もあるのかもしれない。今より上のレベルを狙うには、それらの原因を突き止めて、克服していかなければならない。

そうして迎えた１９７０年のシーズンに入り、69ｍ台を３試合で記録した。だが菅原さんの持つ日本記録には、少し及ばなかった。１９７１年、私の記録はさらに伸びていく。広島で70

m18㎝の日本新記録を出して、アジア人初の70m突破を果たす。その次に行なわれたいわき市での試合で、70m40㎝と記録を伸ばす。さらに秋、尼崎（あまがさき）市で71m14㎝を投げて、世界ランキング14位となる。だがランキング1位は、西ドイツのシュミットの76m60㎝。ハンマー投げ世界記録の伸びは、とどまるところを知らなかった。

ハプニング

1971年、この年最後の試合となった和歌山国体で、私は3回ファウルという失態を演じた。3回ファウルをすると記録が残らない。いわば失格である。ファウルにはふたつあり、ひとつはサークルから足がはみ出すもの、もうひとつは当時45度であったかと思うが（現在は34・92度）、サークルの中心部から扇状に伸びた2本のライン（サイドライン）の外側に、ハンマーが落下したもの。このときは後者の左サイドラインの外に出てしまったファウルであった。

国体で3回ファウルをしたその翌日、私はすぐに東京に戻って夕方から、日大グラウンドでファウルをしない練習に取り組んだ。試合の緊張した状況に近づけるために、このとき何をしたか。防御用ケージのないサークルで、トラック（走路）を左サイドラインに見立てて投げるのである。当時、日大陸上競技場のフィールド内には、四隅にサークルがあった。わずかなファウルでもハンマーはトラックに落下し、大きく外れれば民家に飛び込む。さらにトラックでは長距離選手たちが走っている。その長距離選手がコーナーを回り、直線に入ってくるころを見計らって投げるのである。

当時のトラックは土だったので、走者がいなければハンマーが落ちても問題はない。だが走者がいる場合は、走者にハンマーを当ててしまう可能性がある。人に当ててしまえば、私は犯罪者になってしまう。そのようなことを頭に浮かべながら投げた。本当に怖かった（現在のハンマー投げ選手は、絶対にこのようなことをしないでいただきたい）。

最初の投げは3回転して、角度内の真ん中あたりに30mくらいであろうか、距離的にはハンマーを置きにいく程度の投げしかできなかった。だがこの練習を1週間続けることにより、私はファウルをしない、思い切った投げができるようになった。なおかつ自分の思うようなところに、ハンマーを落下させることもできるようになった。ハンマーをコントロールする技術を、身につけたのである。

この練習でのハンマーを落下させる位置であるが、両サイドラインの真ん中より少し右に定め、私はひたすらそこにハンマーを落とした。そのときである。回転時と投射時の左半身に、壁（ブロック）ができていることに私は気づいた。これ以降、私はブロックを意識することで、ハンマーを効率良く加速させることができるようになる。ハンマーがコントロールできるようになれば、試合で1投目にファウルすることもなく、ある程度の記録が出せれば、精神状態も安定する。さらに2投目以降は、それ以上の記録を狙っていける。この練習は翌年のミュンヘン・オリンピックに向けたものであったため、私は真剣に取り組んだ。

冬期練習は順調に進み、１９７２年の2月か3月のはじめであったであろうか。私や菅原さん、石田さん、そして若干名の学生は、ケージのあるサークルで投げていた。そして投げたハンマーを拾って戻る途中である。「室伏さん危ない！」と誰かが叫んだ。私はとっさに屈（かが）んだ。それがハンマーなのか、円盤なのか、やりなのかは、わからなかった。私は「ドン！」という衝撃を受け、数メートル前方に飛ばされた。我々に遠慮して、ケージのないサークルで投げていた後輩のハンマーがそれて、私の右臀部（でんぶ）を直撃したのであった。

すぐには痛みを感じなかった。みな心配して集まってきた。私にハンマーを当てた後輩は、可哀そうなほどおろおろしている。だが立って歩ける。ベンチまで歩いていき座った。そして少し休んで投げようかと思った。だがしばらくして歩こうとすると歩けない。それと同時に臀部が痛み始めた。当然であろう。16ポンド（重量はボウリングの16ポンドと同じ）のハンマーが約50m飛んで、ダイレクトに私の右臀部を直撃したのだから。鍛えていた大臀筋に当たったから

1972年5月11日、東京赤坂のアメリカ文化センターでハンマー投げヘルムス杯アジア地区受章

写真：毎日新聞社／アフロ

こそ、救われたと思った。いくら私の骨が太いと言っても、もしもわずかに当たったところがそれて、大腿骨（だいたいこつ）や骨盤、背骨に当たっていたら、骨は粉々になっていたかもしれない。そう考えると冷や汗が出た。

救急車で近くの外科に運ばれた。運良く骨には異常がなかった。だが内出血で、右の臀部は腫れあがっていた。私は入院することになった。これでまたもやオリンピックはダメかと思った。腫れは2週間程度で引き、退院することはできた。だが足を引きずる状態であった。シーズンは間近。少しずつ投げられるようになってきたが、以前のような投げはできない。

少し先の日本選手権まではある程度投げ

られるようにと願い、様子を見ながらの練習が続いた。66mのミュンヘン・オリンピック標準記録は、前年の秋に何度も超えていたので、一応参加の権利はある。そして日本選手権を迎えた。このときの私の記録は、確か65mくらいであったであろうか。私は、菅原さん、石田さんと共に、1972年のミュンヘン・オリンピックの代表に選ばれた。怪我の後遺症もその後、順調に回復していった（回復はしたものの10年以上も臀部の痛みは残った）。

いざオリンピックへ

ミュンヘンに着くと、プレ・ミート（オリンピック前の試合）があったので出場した。記録は68m程度であったかと思う。少し自信を持てた。1週間後に迫ったオリンピック。当時は世界選手権のない時代である。4年に一度のオリンピックに、世界のトップアスリートは照準を合わせる。ハンマー投げの練習場は、国ごとに時間の割り当てがあった。日本チームはハンガリーチームと同じ時間帯だ。ハンガリーチームには、前回メキシコ・オリンピック優勝のジボッキーと5位のエクシュミットがいて、良い刺激となった。

とにかく予選を突破したい。その予選通過ラインは66m。時期的に調整期間に入っていたので、私は疲労を取り除き、投げの技術的なポイントを把握して、投げていった。確か70名強のハンマー投げ選手がエントリーしていて、A、B、ふたつのグループに分けられていた。ひとつのグループが35名強ということになる。そこで私は、ひとり2本の練習（試合では2本の練習投擲ができる）と、試合の1投目の計3本を、20分のインターバルをおいて投げることにした。最初の日は、あまりにもインターバルが長いので投げの感覚がつかめなかったが、1週間もすると慣れてきた。さらに日を追うごとに調子も上がって、最終練習日には69mを投げた。それも余裕を持ってである。これで本番では70mは楽にいけると思った。

予選の日は来た。予選は66mを超えるだけでよい。私は決勝に向けて体力を温存し、66mを少し超える程度に1投目を投げた。66m弱で、予選ラインをわずかに超えることができなかった。軽く投げ過ぎたと思い、2投目はそれより少し回転スピードを上げて投げた。67m程度投げたと思うが、予選ラインははっきりと超えたことを確認した。そして翌々日の決勝に備えた。

だが翌日に大変な事件が起きた。パレスチナの武装組織がオリンピック選手村に侵入して、イスラエルの選手とコーチの何人かが殺されたのだ。この事件は後に、スティーブン・スピルバーグ監督による『ミュンヘン』（2005年）という映画にもなった。悲惨な事件のために、すべての競技が中断された。ハンマー投げの決勝も1日延びた。

そして予選から3日後に決勝は始まった。疲労感はまったくなく、記録は狙えると思った。

1投目、緊張していたのであろう、ハンマーの落下は70mのラインを揺らしたが記録は69m台だった。2投目は70mラインを少し超えたことを確認した。記録は70m88cm。私には1回転ごとハンマーを加速していくリズムがあり、そのリズムに乗れなければ思い切った投射には至らなかった。このときは、2投目までにそのリズムに乗っていけなかった。そこで3投目に賭けた。1、2、3回とリズム良くハンマーを加速していき、振り切った。だが肝心の振り切りである。左半身の壁（ブロック）ができず、思い切った振り切りに結びつくことができなかった。70m32cm。万事休す。

66mの予選ラインを超えて決勝に残った選手は、20名くらいいたであろうか。決勝に残った選手全員が3投の試技を行ない、記録の上位8名でさらに3投の試技が行なわれる。ミュンヘン・オリンピックより、従来のベスト6からベスト8となった。私は3投目を投げ終わり、順番は8番目。3投目の試技が残されている選手の中には、私のベスト記録を大きく超えている選手が5、6名いた。ひとりでも私が2投目に投げた70m88cmを超えると、ベスト8には残れない。完全にダメだと思い込み、座り込んで見ていた。だが彼らは、私の記録を超えられなかった。そのため私はベスト8進出となった。

4投目以降、私は思い切って回転したのだが、ハンマーを加速していくタイミングが取れず、記録の伸びはなかった。優勝はソ連のボンダルチョクの75ｍ50㎝であった。先に述べた、4位の西ドイツのバイエルが71ｍ52㎝だったことを思うと、3投目の振り切りが良くできなかったことに悔いを残した。

マクロからミクロへ　ミクロからマクロへ

私にとって初のオリンピックは終わり、10月で27歳となった。結婚したこともあり、大昭和製紙の富士市にある本社の勤務となる。住まいは沼津市にある社宅。午後からの練習場所は、沼津市営球場横の広場で、サークルは古いものがあったがケージはない。時には散歩に来る人がいたり、子どもたちも入ってきたりするので、危ない。細心の注意を払って、ハンマーを投げる。環境の変化に、私は戸惑いを感じていた。ハンマー投げをこのまま続けられるのであろうかとの疑念も生じた。

このころであろうか。痔（じ）の痛みが強くなった。大学1年生の夏からこの痛みは続いていた。沼津市内の病院で診察してもらい、手術となる。手術はうまくいったかに見えたが、縫い合わせたところに段差ができて再手術。その晩から翌朝にかけて、かなりの量の出血を見た。3回目の手術はうまくいったが、三度の手術で体力はかなり落ちて、しばらく静養を余儀なくされることになる。

その間に私は、大昭和製紙に入社してきた円盤投げの川崎清貴の指導に集中した。特に技術面で、前述した「身体の特性利用」を円盤投げに応用して、川崎の技術の確立を試みた。私の撮ってきた海外の円盤投げ選手の8㎜フィルムも見せた。そのほかウェイトトレーニング、ジャンプ、ダッシュなどの基本的な指導もした。川崎も真剣になって取り組んだ。その成果が出て、彼は毎年のように3〜4m記録を伸ばし、日本新記録を連発するようになる。そして川崎はついに、大台の60mを超えた。私は川崎以外の投擲選手の指導もしていたが、みんな記録を伸ばしてくれて、指導の面白さを実感した。

手術から2か月近く、私はほとんど練習をせず過ごしていた。ある日、沼津市内の書店に立ち寄ると、そこでG・ダイソン著の『陸上競技の力学』（大修館書店、1972年）という本を見つけた。購入して早速読んだ。特に、ニュートンの「慣性の法則」「加速度の法則」「反作用の法則」の3法則はじっくり読んでみた。テレビで見る、無重力の中の宇宙飛行士の動きと、地球上での人の動きを比較すると、この3法則は理解しやすかった。

ハンマーなどの空気抵抗の影響を受けにくい物体が、45度の角度で投げ出されると、もっとも飛距離を伸ばすのはなぜか？　その答えは、重力そのものの影響による。また第3の法則である反作用を考えてみると、宇宙船の飛行士は、指1本で壁を押せば、自分の身体を容易に動かすことができる。だが重力のある地球上では、そのようなことはできない。特にハンマー投げでは、ゴム底シューズを身体全体でコンクリートを押さえつけるようにしながら摩擦と反力を得て、その力をハンマーの球に伝えていく。

また前述の通りハンマー投げにおいては、投射スピード（初速）が飛距離にもっとも影響を及ぼすわけだが、これは第1の法則である慣性にある物体を、第2の法則である加速度に結びつけなければならない。このときに力積（力×時間）や仕事（力×距離）が大きく関係してくる。この力積や仕事は、ほぼ同じ意味合いである。

先に私は、身体の特性を利用したハンマー投げの技術として、「ひねりとひねりの戻し」「移動」「地面反力を高める姿勢」「後方への倒れ込み」「左半身のブロック」などを挙げたが、これらの技術も考えてみれば、力積や仕事を大きくするものであった。それまで独学で、技術向上のために実践してきたことを検証するためにも、この本が役に立った。ほかにもこの本から多くを学んだ。いわば覆ることのない「マクロの法則」である物理法則をもとに、ミクロのスケールにあたる、ハンマー投げの技術を実践していかなければならない。そう強く感じた。

ミクロにあたる自分の投擲動作に間違いはないかを確かめるため、マクロの物理法則が必要なのである。物理法則にかなった投擲の動作。ひとりよがりにならず、マクロからミクロへ、そしてミクロからマクロへと何度も行ったり来たりしながら、より効率の良い投擲動作を見つけていく。仮にマクロ的法則がわからず、効率の悪い投げを長く続けるならば、記録は下がっていく。それは私が経験した長いスランプ時の、効率の悪い投擲動作からもいえるのだ。

4回転投げを試みる

とはいうものの、私はその後、新たな投擲の技術を開発できたわけではなかった。生活環境の変化が、かつてのハンマー投げに対する価値観や意欲を、減少させていったことも事実である。1973年が過ぎ、1974年。2年後に迫った、モントリオール・オリンピック。翌1975年は30歳になることもあり、私はこのオリンピックを、現役生活の区切りにしようと決意した。

1975年になると、ハンマー投げの世界記録は78m台となる。70mを少し超えたくらいでは話にならない。そこで私は、4回転投げに活路を見出すことにした。だが1回転増やしても、それで飛距離が出るわけではない。4回転しても、投げ出すときのハンマーの初速が高まらなければ、意味はないのだ。

また、3回転より1回多く回ることでバランスを崩して、サークルから足をはみ出して、ファウルになっては何もならない。単純計算すると、足のサイズが28㎝の者が軸足の重心を踵から足先に移動して1回転すると、56㎝使うことになる。4回転では移動距離もその4倍の2・24mとなるので、直径2・135mのサークルをはみ出してしまう。実際は、軸足の踵から母趾球も含めた指の付け根を使うので、そこまでの距離にはならないにしても、4回転してハンマーを投げ出すには、サークルをぎりぎりまで使う。私は、菅原さんの4回転投げも、その点に注意して投げていたことを思い出した。

そこで私は、ヨーロッパ選手の多くがやっていた、最初の1回転を左足先で回る方法を用いることとした。この方法であれば、サークルをはみ出すファウルは避けられると思った。

私は3回転投げを長くやっていたため、4回転になると、加速のリズムも異なってくる。試行錯誤しながらであったが、新鮮な気持ちで臨めた。

こうして30歳で迎えた、1976年のモントリオール・オリンピック。私は決勝まで進んだが、ベスト8に進めず、記録も70mに届かなかった。このときは、私のハンマー投げは30歳にして終わったと思っていた。当時は世界を見渡しても、30歳を越えて第一線で、投擲の現役を続けている選手はいなかった。

オリンピックが終わり、私は9年の長きにわたり面倒を見ていただいた大昭和製紙を辞め、かねてから話をいただいていた日本大学文理学部三島（現在の日本大学国際関係学部）の教員となる。この2年前から大昭和製紙には、日大に奉職する意思を伝えていて、会社は快く非常勤講師として、私を大学に行かせてくれていた。今考えると、ここにも私の人生の大きな転機があった。

高校と大学が同じ敷地内にある日本大学三島は、私が高校時代、慣れ親しんだ学び舎である。だが非常勤講師をしているときから、「ここではもうハンマーは投げられないだろう」と思っていた。というのも、高校の生徒数が激増していて、陸上競技場のフィールド内の使用は時間制となっていたのだ。仮に投げられたとしても、飛距離の出る私のハンマー投げは、危険極まりない。ハンマー投げを諦めることはこの時点で決めていた。

1974年10月に長男・広治、1977年2月に長女・由佳が誕生する。新たな人生の出発のときは来たと感じた。子どもたちのことを第一に考える生活が始まったのである。このためハンマー投げは二の次、いやそれ以下であったのかもしれない。だからハンマー投げのことをまったく考えず、4月より日本大学文理学部三島の専任講師としてスタートできた。

ところが、その夏のことである。静岡県陸上競技協会より「国体に出場してくれないか」と打診があった。私はモントリオール・オリンピック後ほとんど練習をしていないことと、練習場所がないとの理由で断った。だが、静岡県陸上競技協会の会長や理事長、役員といった、お世話になった方々に熱心に勧められて、また大昭和製紙監督の小掛照二さんからも連絡があり、私は再びハンマー投げをやらざるを得なくなった。

1977年7月末、ハンマーを投げてみた。なんと60mも投げられない。1年近く練習をしていなかったことと、暑さのために、身体はきつかった。その後、沼津市に新しくできた大昭和製紙の陸上競技場を借りて、練習をすることができるようになった。

住まいのある三島市から大昭和製紙のグラウンドまでは、車で50分程度かかるが、ハンマーは安心して投げられる。1週間ほどで、記録は60mをコンスタントに超え出す。1977年秋の青森国体と日本選手権は記録が低かったが、なんとか優勝できた。このころから「4回転投げをもう少し極めたい」という気持ちが強くなる。また、日大の物理学の教授と親しくなり、会話することで、ハンマー投げの技術向上にも役立つものがあり、面白かった。秋より再び、8㎜フィルムによる研究を始める。

1978年の春、4回転投げで初めて70mを超える。そして1979年、ワールドカップ陸上競技大会がモントリオールで行なわれた。このワールドカップは各大陸代表と陸上競技強国

2か国の代表で競われる。私はアジアのハンマー投げ代表に選ばれて出場した。このとき、私が指導を続けていた円盤投げの川崎も出場した。

試合の数日前の練習場で、ソ連のセルゲイ・リトビノフ（1958〜2018）の練習を見た。身長は私と変わらないが、ガッチリとした身体をしている。リトビノフの4回転の投擲は、実に素晴らしいものであった。投擲を長年研究してきた私であったから、その動きの素晴らしさが、瞬時に理解できたのである。私は自分の練習はさておき、彼に断って8㎜カメラで、その投擲を撮らせてもらった。「4回転投げの理想はこうあるべきだ」と感じた。私の4回転投げは、従来の3回転投げの感覚が強過ぎるとも思った。そして私にとって、このときのワールドカップで記録を伸ばすことはどうでもよくなった。帰国して、リトビノフの動きを8㎜で徹底して研究していく。私の4回転投げは、まだ技の向上の余地を残しており、十分やれるという感触を得た。

再出発

このころだったであろうか。中京大学教授の安田矩明（のりあき）先生（元棒高跳びオリンピック選手）より、再三にわたり電話があった。中京大学に来てくれないかということであったが、私は断った。好意をもって私を迎えてくれた日本大学文理学部三島に対して、非礼となるからである。だがこのことについて、多くの方に相談してみた。特に三島キャンパスの開設者である鈴木昇六先生が、「室伏君の思うようにしていいよ」と言ったことから、再度考えた。そのうち中京大学の梅村清弘学長が、直々に三島のキャンパスを訪ねてくれた。

その後、安田先生より連絡があり、中京大の豊田キャンパスに一度来てくれないかということで、家族を連れて豊田に行った。広大な敷地の中に、陸上競技場があった。また、ほかの施設も充実している。さらに近くにある保育園なども確認し、最終的には家族の判断により、中京大学にお世話になることを決めた。

1980年4月、中京大学の多くの教員と事務員のみなさんが、赴任した私を歓迎してくれた。さらに地元の人たちまでも。特に中京大学理事長の梅村清明先生（元中距離選手）と、奥様のすみ子先生（1932年ロサンゼルス・オリンピック100m出場）は、私の中京大学への赴任を大変喜んでくれた。だが陸上競技やほかの授業は、週10コマ以上と多い。また教授会をはじめとする会議もある。子どもたちの保育園や幼稚園の送り迎えや、食料などの買い出しは、車の運転ができる私が主に行なう。また私の練習は、投擲選手全般の指導があったため、授業と授業の合間に行なうことが多かった。この生活に慣れるまでに1年以上かかった。

はじめのうち、ハンマーは陸上競技場で投げていた。回転スピードを上げるため、補強として14ポンドの軽いハンマーを投げていたときのことである。14ポンドのハンマーは、正規の16ポンドのハンマーより5ｍほど飛距離が伸びる。そのハンマーがそれてバウンドして、トラックに飛び出した。大変危険である。

このため私もハンマー投げの学生も、陸上競技場から400～500ｍほど離れた空き地で投げることとなった。ここは以前ハンマー投げ専用に使われていたところで、古いが防御用ネットやサークルもあった。これらの施設の整備をしてもらい、なんとか投げられるようになった。このハンマー投げ練習場は、池と畑に挟まれたところにあり、池からカメが上がってくることもある。またキジやイタチも時々姿を見せる。夏は蚊が多く、蚊取り線香を何本焚いても刺される。だが春には桜が咲き、ウグイスをはじめ多くの鳥たちの鳴き声に癒やされた。またこの地は長久手の古戦場（家康軍と秀吉軍の戦い）の近くにあり、歴史を感じさせる場所でもあった。

誰にも気兼ねせずハンマーを投げる場所ができた私であったが、10月に35歳となる。あと1年だけ頑張ってみよう、そして1971年に3回転で投げた71ｍ14㎝の日本記録を、4回転投げで更新したい。さらに4回転投げを極めたいという気持ちで、練習をスタートした。この年はモスクワ・オリンピックの年であったが、オリンピックを目標にしたのではない。

私はこの年の5月国立競技場で行われた大会で、71m14㎝の日本タイ記録を投げた。そしてモスクワ・オリンピックの代表となった。1980年のモスクワ・オリンピックは、1978年からのソ連のアフガニスタン侵攻に抗議し、西側諸国の多くがボイコット。日本もボイコットをした。オリンピック出場はなくなったが、それもよいと私は思った。ハンマー投げの技術向上と、そのための徹底したトレーニングをしたかったからである。

筋力面に衰えが少し出てきたことと、また年齢的なこともあり、記録更新は先延ばしできない。筋力やパワーのトレーニングは低下を防ぐためのものであったが、フルスクワットは調子の良いときで230kgはできた。また50mダッシュは5秒8で走れた。さらに立ち幅跳びも3mは楽々超えた。そして絶えず、効率の良い投げをめざして投げた。だが問題は、疲労である。この年齢での練習は、疲労との戦いでもあった。週2回の休息日を設け、練習を行なうときは3時間以内とした。このため、特にハンマーを投げる際は、1本も無駄にせず集中して投げた。

当時の私のハンマー投げの技術は、徹底した身体の利用である。ヨットが風を利用して走るように、またエスカレーターを歩いて上る人のように。このような考え方が、次第にハンマー投げで生かせるようになってきた。

そして1981年のシーズンを迎える。私は記録更新に自信を持ち、試合に臨んだ。小田原の大会で71m36㎝、秋の滋賀国体で71m72㎝と記録を伸ばす。このとき、記録はまだ伸ばせると感じた。それは日本記録を更新した投げも、思い切った振り切りには結びついていなかったためである。ハンマー投げの「振り切り」とは、爆発である。身体のエネルギーすべてを出し切れば、爆発的な振り切りとなり、あと2~3mは記録を伸ばせる。そうなれば75mも夢ではない。そして年齢的にも最後のチャンスであるとも思った。

1982年の陸上競技シーズンが開幕する。豊田の大会で72m88㎝、静岡の大会で73m92㎝と記録を伸ばす。そして5月の国立競技場で、75m20㎝を投げた。思っていたような、爆発的な振り切りができたのである。生涯最高の投げができた。だがそう思ったのはそのときだけで、まだその上を投げられる感触があった。

1983年、74m台を投げて、第1回世界陸上競技選手権大会の出場となる。会場となったヘルシンキは、過去に試合を経験したところである。北欧の夏は天気さえ良ければ、湿気もなく心地好い。ここでリトビノフや、後にハンマー投げの世界記録保持者となるソ連のユーリ・セディフ（1955~2021）の投げを見ることも楽しみにしていた。というのも、この年の春、リトビノフは84m台の世界新記録を投げたばかりであった。セディフも、新記録を達成したリトビノフと競り合っていた。彼らの動きを見ることで、私の足りないところが見出せるかもしれないと思ったのだ。

本書冒頭の繰り返しとなるが、世界選手権2日前の練習では、見事に動きが決まり、76m強を投げる。75mのラインを1mほど超えた。これが練習での生涯ベスト記録となった。このときの投げは、ハンマーを加速していくリズムに乗り、自然に振り切った投擲である。生涯ベスト記録を出すことができたのは、ヘルシンキの整備された練習場という特別なシチュエーションも影響した。普段の練習では、ハンマーへの超高速加速はほとんどできない。

そして世界選手権本番の試合となった。結局試合では、高速加速のリズムに乗ることができず、71m50cm程度で、73m50cmの予選通過ラインは超えられなかった。練習のときの私と比べて、あまり緊張感もなかったように思えた。練習と本番の記録を比較して、70mを少し超えるか、75m以上を投げられるかは、紙一重の差であるとも思った。2日後、観客席から決勝を見る。世界的にハンマー投げのレベルは上がってきた。特に私より12歳年下のリトビノフの安定した投げに、彼の成長を感じた。

アメリカでの生活

ヘルシンキから戻ると、その1か月後にはアメリカに出発した。1年間の長期滞在であった。これは文部省（現・文部科学省）のスポーツ在外研修制度の申請をして、許可を得たことによる。だが問題はどこに行くべきか、またどこの国が引き受けてくれるかであった。1983年の1月か2月であったであろうか。私は、世界室内陸上競技選手権大会に来日されていたアメリカのタンズレー氏（カリフォルニア州立大学ロングビーチ校教授）を、日本陸連の委員の方に紹介された。タンズレー氏は背面跳びの考案者で、メキシコ・オリンピック優勝者のフォスベリー選手のコーチであった。その彼が、アメリカでの私のサポートを引き受けてくれた。

1983年の秋、私は家族と共にアメリカに渡った。翌1984年は、ロサンゼルス・オリンピックの年。私の研修先となるロングビーチ校は、ロスのオリンピック・スタジアムからも近い。38歳になった私が最後のオリンピックを迎えるには、最適な地であると思った。カリフォルニア州立大学ロングビーチ校は、広大な敷地に多くの学部、学科がある。その一角に陸上競技場があり、その横にハンマー投げの練習場もあった。

気候は温暖である。ハンマーの練習場の前の金網のフェンスに沿って、何種類かの花が植えられていた。ハイビスカスの花であろうか、ハチドリが蜜を求めて飛んでいたのには驚いた。住まいを見つけて、中古車を購入する。広治・9歳、由佳・6歳、ふたりの子どもたちを地元の小学校に入れる。これらはタンズレー氏やかつて日本でハンマー投げの合宿をしたこともある井上氏（アメリカに在住）などが助けてくれた。

11月になり、冬期トレーニングを始める。私の身体は頑丈だったためか、それまで故障したことはほとんどなかった。だがこのとき、膝が痛み始める。また左手の中指の甲側が、テープをつけて包帯を巻き、手袋をしているにもかかわらず、ハンマーを投げ出す際の右手指との摩擦で切れて、腫れてくる。これは古傷であり、特に投げ始めの痛さは尋常ではない。7〜8本投げると痛みが麻痺（まひ）してくるので、それを待って、思い切った投げに入る。

年が変わり、1984年の1月であったと思う。いつものように回転してハンマーを投げると、どういうわけか平衡感覚を失って、倒れてしまった。ゆっくり回転して投げると、転倒しない。ゆっくりの回転では、距離にすると55m以下の投擲になってしまう。そんな状態が何日か続いて、これでは練習にならないと思って、病院を紹介してもらった。診察の結果、三半規管に風邪のウイルスが入ったとのことだった。思い切って投げられるようになったのは、どのくらい経ってからだったろうか。思いがけない出来事による、練習の中断。オリンピックの年なので、不安がよぎった。

この地では気候が温暖なためか、早くも2月末ごろから試合が始まる。もちろん、平衡感覚を失った状態では試合どころではないが、3月に入ると症状も落ち着き、思い切った投げができるようになった。私がロングビーチ校で指導していた、スティーブ投擲コーチや学生のケビンは、大学の対校戦に出場するようになる。それを見ていて試合に出てみたくなった。

3月中旬、ロングビーチ校で行なわれた試合に、オープン参加した。記録は、70mを少し超えた。次の週はスウェーデンからの留学生バイスターと競り合い、73m台で私が勝った。あまり練習ができていなかったが、73m投げられたことに驚いた。理由のひとつは、サークル内のコンクリートの質が良いことにある。滑り過ぎず、適度な摩擦もあるのだ。もうひとつの理由は、私の技術がまとまってきたことが大きい。

4月に入り、同じカリフォルニア州立大学のフレズノ校に8時間かけて、スティーブやケビンなどと車で行く。翌日の試合では、イギリスの留学生マイラム（74m台）に私（72m台）が負ける。4月末、マウント・サンアントニオカレッジで行なわれた試合には、6名くらいの実力者の参加があったが、74m台で私が勝った。日本では経験できない、自分と同じかその上の記録を持った選手たちとの試合に、私の興奮状態は続いた。

潜在能力の発揮

同じ年の5月中旬であったか。私のホームグラウンドとなったロングビーチ校で、インターナショナル・ミートが行なわれた。78ｍ近くの記録を持つイタリアのウルランド、そしてアメリカのグリーン、イギリスのマイラムなど、75ｍ以上投げている選手との試合となった。私は1投目に74ｍを投げたが、ウルランドの75ｍ台に抜かれる。そして2投目、私の気持ちは楽であった。いわば捨て身で、投擲に臨んだ。このとき、それまでに経験したことのないハンマーの高速加速を試みた。高速加速の多くは失敗をするが、このときの投げは回転の流れに乗り、自然に振り切れた。結果、75ｍ74㎝の日本新記録。そしてウルランドら強豪を抑えて、優勝した。

日本記録を更新したことで、私は77ｍ以上の投擲も可能ではないかと思えてきた。このときの投擲は、2年前に75ｍ20㎝を投げたときのような、渾身の力で振り切ったものとは違う。まだまだ遠くに投げられそうな、余裕を持った投げなのである。10月には39歳となる私は、「せめてもう少し若いときにこの投擲技術ができていたら」とも思った。38歳での日本記録更新。周りの選手や指導者の、私を見る目が変わってきた。181㎝の90kg、ハンマー投げ選手とし

1984年7月28日、ロサンゼルス・オリンピック開会式で旗手を務める著者

写真：AP／アフロ

ては小柄な私が、75ｍを超える投擲をする。

6月に入って、小さな競技会があった。72ｍ台で優勝した。日本陸連から電話があった。ロサンゼルス・オリンピックの代表に決まったという知らせである。さらに数日後、日本選手団の旗手に決定したとの連絡もあった。名誉なことだが、日本選手団の中には、私よりもっと旗手に相応しい選手がいるであろうとも思った。

6月中旬からオリンピックのための強化練習を行なった。3週間の計画でスタートしたが、1週間で膝が痛み出した。ウェイトトレーニングやジャンプ系のトレーニングを、本格的に始めたためであろう。しかしそれに構わず、強化練習を続けた。人生最後の試合を、このオリンピックと決めていたこともある。だが両膝が痛くなり、歩くときの感覚もおかしくなった。こうなるともう、投げるどころではない。病院に行って、診てもらった。膝に水が溜まっていたので、抜いてもらった。だが依然として投げられる状態にはならない。数日経ってまた病院に行く。もう水が溜まっている。医師は私がオリンピックに出ることを知ると、ドーピングの問題もあるということで、USOC（アメリカオリンピック委員会）医事部に連絡して許可を得て、痛み止めのコルチゾン注射を膝に打った。

膝の痛みや違和感は消えた。楽になった。何か月ぶりであろうか。ハンマーを投げてみた。70mを超えた。1週間以上ほとんど練習をしていなかったためだろうか、疲労感もまったくない。7月中旬、マウント・サンアントニオカレッジでのサマーゲームに参加した。何かの拍子にまた膝を痛めるのではないかと思い、弾性の厚手の包帯を膝に巻き、試合に出た。この試合の2投目に、75m96cmの日本新記録を投げる。3投目に75m34cm、そして4投目に75m66cmと、3回とも75mを超えた。だが優勝は、アメリカのグリーンの76m52cm（アメリカ新記録）。2位がイタリアのウルランド、3位がアイルランドのハガティーの76m34cm（アイルランド新記録）であった。息子も娘もこの試合を見ていた。私の記録は、77mまであと1mと少し。77mを投げることも可能であると、私は考えた。

アメリカに来て記録が伸びた理由は、ライバルたちに恵まれたことにもある。みんな、易々（やすやす）

と75mを超えていくからだ。このことが私の潜在する能力を引き出したに違いない。

この少し後であろうか。とんでもないニュースが飛び込んできた。イギリスのヨークで、ソ連のセディフが86m34㎝、リトビノフが85m14㎝の世界新記録を投げたという。ハンマー投げを極めようとしている私は、「どうしたらそのようなことが可能になるのか?」と思った。ソ連を筆頭に、東側諸国はモスクワ・オリンピックのときとは逆に、ロサンゼルス・オリンピックのボイコットを決めていたため、彼らふたりの出場はなかった。だがふたりとも、私の出したばかりの日本記録より、10mも飛ばしている。数日の間悩んだが、気持ちを切り替えて練習していった。

ウェイトトレーニングやジャンプ系の練習も、膝を痛めない程度に行なう。投げもスピードを上げて投げるが、70mはなかなか超えない。オリンピックの10日前に、再びサマーゲームがあった。ウルランドが78m台、グリーンとハガティーも76m台。私も刺激を受けて74m台を投げたが、ほかの試技は70mを超えるのが精一杯。投げる力の低下を感じた。ピークを長く続けることは不可能に近い。好調だった7月のサマーゲームを振り返り、試合に出るのが2か月早過ぎたとも思った。しかしアメリカに来てこんなに楽しく試合ができたことに、感謝の気持ちでいっぱいだった。

膝の痛みは少しあったが、それ以上にバイオリズムが下降線に来ていることに不安を感じながら、オリンピックの予選を迎えた。ハンマーを高速に加速していくリズムが取れない。加速の歯車がかみ合わず、思い切った振り切りに結びつかない。３回の試技のベストが70ｍ92㎝で、72ｍの予選通過ラインを超えず、オリンピックを終える。

10月には39歳になる。オリンピックでは普段の練習通りの記録しか出せなかったが、ほかの試合は自分の予想をはるかに上回る能力が発揮できた。私は改めて、自らの可能性の大きさを感じたのである。さらなる技の向上のためのアイディアは、まだ出てくる。そしてそれをイメージとして実践していきたかった。しかし体力の衰えと故障の頻発に、私は結局、ハンマー投げを断念するしかなかった。

出場すべきか否か

１９８４年の秋、私は家族と共に帰国する。中京大での授業、会議、投擲選手の指導が、また始まる。自らの練習がないだけ、身体は楽である。クラブ活動は経験したことを指導できるので楽しかった。また指導した分だけ選手が伸びていってくれるので、励みにもなる。ただ指導の難しさも感じていた。それは技術面で、私にはできても、選手に同じ感覚がなければできないからである。このため私は選手の心と身体に探りを入れ、彼らにできそうなドリルを考える。だがそのドリルがうまくいくとは限らない。そしてこれは私も何度も経験したことであるが、技ができない原因は、選手の心と身体が絶えず変化していることにもある。彼らがどうしてもできない場合は、やはりマクロの法則をもとに、練習方法を考えていくしかない。私自身が選手のときは、出てくる発想をすぐに実践に移すことができたのだが、指導者となった今は、選手に寄り添っていくしかない。

翌1985年の冬に、日本陸連の小掛強化委員長より連絡があった。ソウルで行なわれる1986年のアジア大会に出場してくれないかとの要請だった。私も40歳を過ぎ、自らの健康の維持や、学生の指導のためにハンマーを投げ、ウェイトトレーニングも行なっていたが、ごくわずかである。これから試合のためのトレーニングを積んでいくことは難しいと考えて、断った。だがその後も小掛強化委員長から何度も連絡があった。私は「その前に行なわれる日本選手権で結果が出なければ、アジア大会の代表選手として選ばれることもないだろう」と思い直して、承諾した。ハンマー投げという競技を、やめようとしても続けていかざるを得なくなることに、私は天命を感じた。

トレーニングは、アジア大会のある1986年の1月から始めた。投げのほか、ウェイトトレーニングやジャンプ、そしてダッシュなどの練習も行なったが、間もなく膝に水が溜まった。私としては、無理をしてアジア大会の代表になるつもりはなかったので、気持ちは楽だった。自然に膝が治るのを待って投げる。無理はできないので、ウェイトトレーニングやジャンプは多くを行なわなかった。

本格的に練習を始めたのは、1986年の3月に入ってからである。65mはすぐに投げられた。2~3週間すると、67m程度は投げられるようになった。だが疲れのある日は63mという具合に、アップダウンが激しい。しかし「試合を経験しなければ現状の実力はわからない」と思い、調整して大学での試合に出てみた。ここで私は69m台を記録する。この記録は予想以上のものであった。今まで培ってきた動きがある程度できて、それが記録に反映されたのだ。

だがやはり私は40歳を過ぎて体力も落ち、また競技から1年7か月遠ざかっていた。だからこのときは、投げにおいては無駄な力（特に腕）は一切使わないようにした。そして回転は投射方向への流れを重視し、「身体の特性利用」のみでハンマーの加速をしていった。要するに、私が以前から取り組んできた試みを、さらに発展させていったのだ。それまでにも会心の投げはあった。だが技に対する考え方のレベルが高まれば、それ以前の会心は会心でなくなる。そして考え方のレベルが高まれば、新たなアイディアを実践したくなる。私の心は、アジア大会に出ることよりも、技を高めるほうに向かっていた。ハンマー投げを極めたい。

その後、私は2試合で67mと68mを投げて、5月末の日本選手権に臨んだ。70m20cmの記録で、私は日本選手権に優勝し、結局アジア大会の代表となる。3月から本格的な練習を行ない、3か月程度で70mを超えたことから、4か月先のアジア大会では72~73mは投げられると確信した。それは新たな「会心の投擲」への挑戦でもあった。

苦しみ抜いた4か月

日本選手権の数日後、代表選手の健康診断と体力測定のため、日本体育協会（現・日本スポーツ協会）に行く。体力測定の中の上体反らしで、腰に痛みを感じた。40歳を過ぎて、身体が硬くなっていたためだろう。多少痛みはあるが、すぐに治るだろうと思っていた。大学に戻り、ウェイトトレーニングを軽くやろうと20kgのシャフトを担いだときのことである。腰部の一点に痛みが走る。200kg以上のフルスクワットができるのに、20kgのシャフトを担いだだけで痛みを感じることに不安を感じた。数日間様子を見たが、同じである。投げることはなんとかできるが、振り切りで腰を反れない。そのうち、1日投げると腰全体に鈍い痛みと張りが出るようになり、3~4日休まなければならなくなった。近くの外科医院に行き、診てもらった。

診断結果は、棘間靭帯（きょくかんじんたい）の炎症で、2週間は安静にするようにと言われた。

アジア大会まであと2か月である。練習はせず、できるだけ身体を休ませた。またその間、ハリ治療、整体、漢方薬なども試した。2週間経って、7月末に練習を開始した。しかし腰の痛みは治まっていない。それどころか屈むと痛く、顔も満足に洗えない状態である。さらに練習を休み、治療に専念した。ここまでくると、アジア大会出場は無理だと思うようになってきた。だが治療のおかげか、8月になると痛みが和らいで、軽い練習ができるようになった。さらに8月半ばになると、ウェイトトレーニングもある程度できるようになり、投げも65m前後飛ぶようになってきた。

アジア大会の1か月前となり、名古屋で行なわれる東海選手権に出てみた。結果は66mを少し超えた。アジア大会本番も、このままうまく調整していけば70mいくかもしれないと思った。そのために少し軽めの強化練習を、2週間行なうことにした。だが今度は右肩が痛み出して、スウィングができない。腰が悪化しないように、ウェイトトレーニングも上半身を中心に鍛えていたためであろうか。腕を肩より上げると、痛むのである。スウィングができなければ、ハンマーを投げることはできない。アジア大会のハンマー投げ決勝まで、2週間に迫っていた。天はどうして私に、このような試練を与えるのだろうか。

1986年9月30日、韓国ソウル、アジア大会5連覇を成し遂げた著者　写真：アフロ

外科医院に行く。肩と腰に痛み止めの注射をしてもらう。肩はだいぶ楽になった。だが腰がまた痛み出す。大会8日前であったので、軽くハンマーを投げてみた。やはり腰が痛む。だが少し投げていくうちに、痛みが急に治まった。関節のズレが戻ったような感じだった。回転スピードを上げても痛くない。66m程度投げられた。

数日後、ソウルに向かう。飛行時間は3～4時間であったと思う。選手村に着いたのは夜であった。翌日、指定された練習場で投げてみる。脚が重く、肩も少し痛む。早速、選手村の中にある日本の医事部に行き診てもらう。膝に水が溜まっていたので、抜いてもらう。肩には痛み止めの注射を打ってもらう。その後二度ほど投げてみた。腰も膝も、また肩の痛みもほとんどない。投げも最高で66m程度投げられた。

そして迎えたアジア大会、ハンマー投げ決勝は9月30日だった。私の41歳の誕生日の2日前になる。試合当日は、身体のどこにも痛みを感じなかった。あとは私の理想とする動きができるかどうかにかかっている。1投目は少し楽に入り過ぎて、スピードに乗れず65m弱だった。2投目は少しスピードを上げて回転に入り、流れに乗って投げたが、強い振り切りは、腰が怖くてできなかった。だが記録は68m台までいった。3、4投目と記録は伸びず、迎えた5投目。無理なくハンマーの加速ができて、自然に振り切れた。手ごたえはあった。69m20cm。これが優勝記録となった。これでアジア大会は、1970年の6回大会からこの10回大会まで、通算5連覇を果たしたことになる。

このときの率直な気持ちとしては、優勝の喜び以上に、代表に決まってから4か月間悩まされてきた、故障との戦いから解放されたことへの安堵(あんど)が大きかった。選手村の部屋に置いてあった体重計に乗ってみた。なんと85kgを切っていた。悩み続けてきたことによるものであろう。

最後の試合

アジア大会が終わり、大学に戻った。授業、会議、選手指導の日々がまた始まる。このころ私は、ハンマー投げをもう少し続けてみようという気持ちになっていた。だが試合に出るのはどうでもよかった。アイディアが湧いてくるのである。湧いてきたアイディアを実践するため、投げてみたかったのである。小宇宙のように難解な投擲の動きと、幾何学的なハンマーの球の軌跡に、探りを入れたかったのである。また授業やクラブ活動で私が体験してきたことを伝えることも、面白いと思った。

時は流れ、アジア大会から7年経った1993年の夏、日本マスターズ陸上競技連合より、「世界マスターズ陸上が宮崎であるから出ないか」との依頼を受ける。マスターズ陸上のことはよく知らなかったので、説明を受ける。5歳刻みにクラスがあり、私は49歳なので、45歳から49歳までのクラスになる。このクラスのハンマーは16ポンドの重量で、一般用のハンマーと同じである。せっかく招待を受けたので、出てみようと考えた。

45歳までは少しハンマーを投げることもあったが、46歳からは、人に勧められてゴルフを始めたため、ほとんどハンマーを投げることはなくなっていた。8月ごろよりハンマー投げの練習を始める。だが現役時代の練習とは違い、ただ軽くウォーミングアップをして少しハンマーを投げるだけ。それも学生の指導をしながらである。

ハンマーは60mも飛ばなくなっていた。2週間ほど練習して、愛知県選手権に出てみた。最初で最後となったが、このときの愛知県選手権は、大学に入ってきた息子との試合となった。私は61m台、息子は65m前後の記録であったと思う。その後東海選手権にも出場して、61m台を投げ、秋の世界マスターズに備えた。世界マスターズではハンマーも新品だった。試合ではそれまでの練習の成果が出て、63m46㎝の世界新記録であった。その後も国際マスターズ陸上の委員に選出されたこともあり、60歳を過ぎて、日本のマスターズ陸上に飛び入り参加をしたこともあった。だがそれはかなり軽いハンマーで、それまでの投げの感触とは違うものであった。高校生のときに初めてハンマーを投げてから、およそ半世紀が経っていた。ハンマー投げを極めたい気持ちに変わりはなかったが、競技者としては、ひとつの大きな節目を迎えたのかもしれないと感じていた。

第3章

人間の可能性を拓くために
——「ネアンデルタール人」はこう考える

1981年12月1日、愛知県豊田市。著者と室伏広治7歳

写真：日刊スポーツ／アフロ

ネアンデルタール人とは何か

人類の歴史をさかのぼると、現生人類であるホモ・サピエンスは、今から約30万年前にアフリカに誕生したといわれている。そしてそれ以前の約60万年前に、アフリカに誕生した原人のホモ・エレクトゥスから枝分かれして、旧人類であるハイデルベルク人が現れ、その一部が約40万年前にユーラシア大陸に進出して、ネアンデルタール人になったと言われている。

ネアンデルタール人は約4万年前に滅んだとされているが、その骨は、ヨーロッパ各地の洞窟で発見されている。ネアンデルタール人は、ホモ・サピエンスに比べると胴体は長く、腕や脚は短く骨は太い。その骨の太さが骨格筋を発達させて、筋力が強くなったと考えられる。おそらくは食料を得るため、狩りの獲物に大きな動物を求めていくうちに、そのような体型になったのであろうと、私は考えている。

ネアンデルタール人は、頭蓋骨もホモ・サピエンスより大きく、脳の容量も１４９０㎖と10%も多い。舌骨や耳小骨の形状から見て、話をする能力もあったようだ。後頭部の後頭葉や小脳の大きさから、視力も優れ、手先の細かな動作も可能だったと見られている。しかし前頭葉や頭頂葉はホモ・サピエンスより小さく、特に前頭葉は社会性や情報共有などをつかさどる器

ネアンデルタール人と現代のホモ・サピエンス全身骨格標本

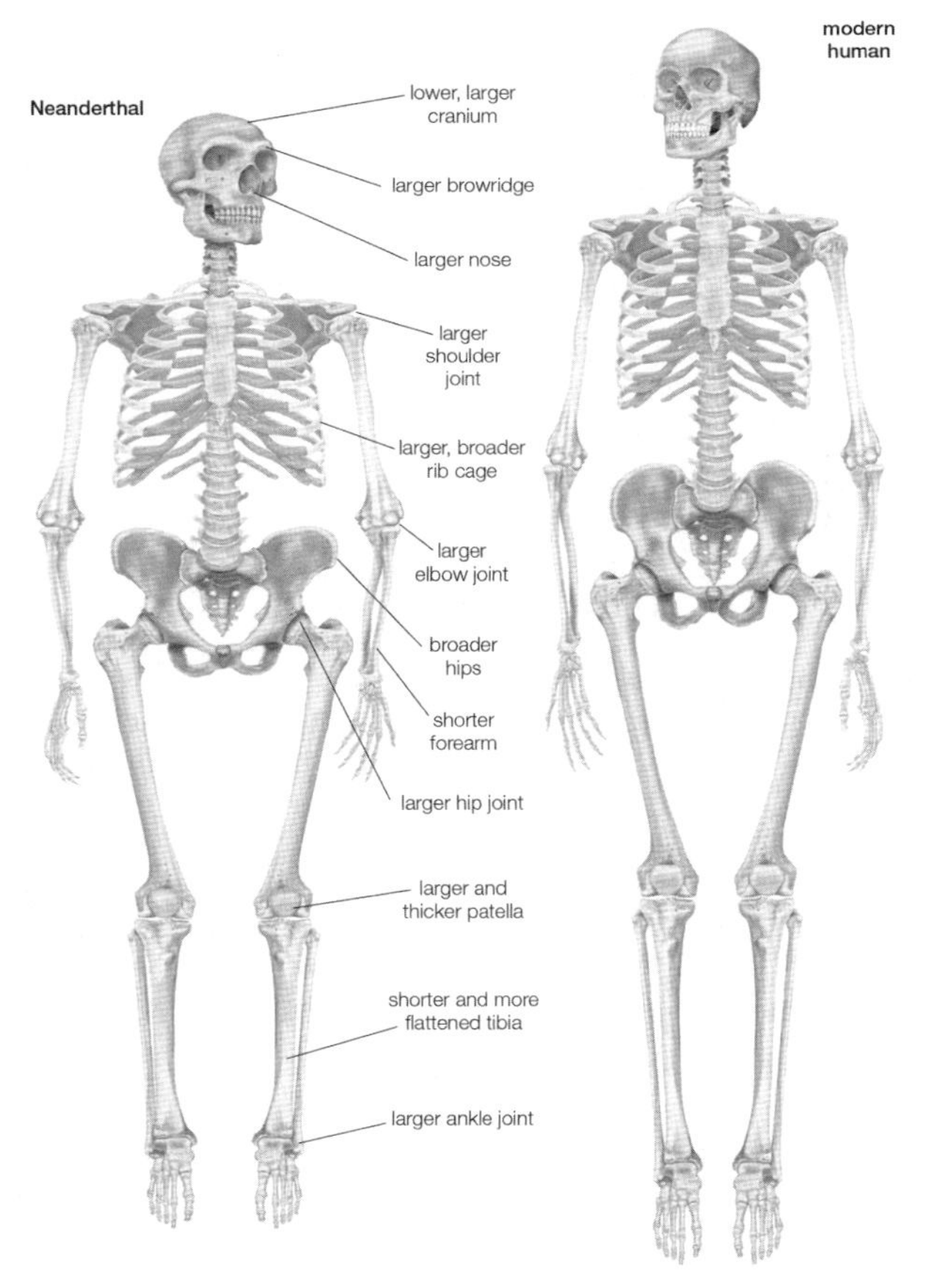

「ブリタニカ国際大百科事典」より

写真：アフロ

官なので、道具や言語を操る能力などでは、ネアンデルタール人はホモ・サピエンスより劣っていたかもしれない。繰り返しになるが、ネアンデルタール人は大きな獲物を捕るため、頑丈な身体に進化していったのであり、ヨーロッパにホモ・サピエンスが進出し始めた当時も、原始的な道具で十分狩りができたと、私は推測する。またネアンデルタール人の住んでいた洞窟からは、動物の皮をはじめ貝殻やワシの爪などの装飾品が発掘されている。彼らが文化的な生活をしていた痕跡である。

ネアンデルタール人にどうして興味を持ったのか

私がネアンデルタール人を知ったのは、70歳のときで2015年ごろであった。現代人よりはるかに強い力を持った原始人がいたことに興味を持ち、インターネットで調べたのだった。私は当初、身体が大きく力も強い、欧米の投擲選手のような原始人を想像していた。たしかにネアンデルタール人は、頑丈な身体をしていた。しかし身長はホモ・サピエンスより低かった。その後も私は、ネアンデルタール人についてネットで時々検索していた。その後、2018年にNHKの『NHKスペシャル　人類誕生』を見たことで、ネアンデルタール人に関する私の認識は、新たなものになった。

番組によると、今から5万5000年前、ホモ・サピエンスの一部がアフリカを出て、ヨーロッパに向かった。そのヨーロッパの入り口付近で、ネアンデルタール人と遭遇したようである。位置的には、現在のイスラエル北部にあたり、マノット洞窟でホモ・サピエンスの人骨が発見され、そこから40㎞離れたアムッド洞窟で、ネアンデルタール人の人骨が見つかっている。

その後ヨーロッパ各地に進出したホモ・サピエンスは、ネアンデルタール人と至近距離で生活し、交流もあったと思われる。我々ホモ・サピエンスの遺伝子に、ネアンデルタール人の遺伝子情報が数%含まれていることが、ゲノム解析で明らかになった事実である。それは欧米人もアジア人も同じである。だからアジア人である私にも、ネアンデルタール人の遺伝子が存在することになる。

第1章で述べてきたように、私は少年時代から、人並みはずれて力の強い子どもであった。高校でハンマー投げを始めるとすぐに、インターハイの優勝記録を上回る投擲を行ない、大学ではオリンピックをめざした。そしてオリンピック代表に4回選ばれ、アジア大会は5連覇を果たす。だが181㎝、90kgという体型は、欧米の選手に比べると小さく、ハンマー投げには向いていないとも思った。しかし、それを補って余りある基礎的体力があったからこそ成果が出せたとも思った。

そして数年前にネアンデルタール人のことを知ってからは、その骨の太さや身体の頑強さが、私のそれに酷似しているように思えて、「私はネアンデルタール人のフィジカル面の遺伝子を受け継いでいる」と強く思うようになったのである。もちろん、私の遺伝子の90％以上は、ホモ・サピエンスの遺伝子だろう。しかし、私の目から見ると、大リーガーのT選手や、サッカーのワールドカップでも活躍したM選手など、世界的なスポーツ選手の中には、体型やフィジカル面、テクニックなどから、ネアンデルタール人の遺伝子を強く受け継いでいるように見える者たちが、何人かいる。私の考えでは、ネアンデルタール人の遺伝子は、その人の身体つきや体力だけではなく、身のこなしやさらに心の持ち方などにも、影響を及ぼしているように思われるのだ。

私の人生を振り返れば、波瀾（はらん）万丈であったように思う。怪我や故障、多くの苦難はあったものの、それを乗り越える力は、自然に湧き出てきたことが多い。回り道をして、無駄と思ったこともたくさんあったが、それは経験を積まなければならないときであったと感じる。思いもよらぬ力が出て、「私にはこんなこともできるのか」と思ったこともあった。多分それらの力が出たときは、私の中のネアンデルタール人が覚醒したときであったのだろう。

競技から見る「人間の可能性」

さてここからは、私がこれまでハンマー投げで培ってきた運動哲学を記していきたい。フィジカル面でネアンデルタール人の遺伝子を強く受け継いだ、ネアンデルタール人の考えであると思っていただければ、ありがたい。

自動車、飛行機などの乗り物、さらに宇宙ステーションに人を運ぶロケットは、ここ200年の間に実現したものである。また携帯電話やパソコンは約40年前に実用化され、今や世界の多くの人が所持するようになった。科学はここ100年の間、人類史上もっとも進歩発展を遂げた。そしてこれからもさらなる進歩は続いていくものと思われる。このように進歩発展を促すものは、「開発したい」「達成したい」といった人間の欲望である。この開発欲や達成欲というような欲望は、そこに可能性を見出したときに生まれる。

これを競技スポーツから考えてみる。競技スポーツにおいての結果は、勝ち負けや記録として表れる。このため、ほかの分野より評価はしやすい。この場合の評価は、特に選手個人の満足度が中心となるが、自らのパフォーマンスと、ほかの選手（またはチーム）との比較からなる。そして最終的には選手自身の自己評価により、次なるステージに進むことができる。自分自身がさらなるステップアップをしようと思えば、精神力、技術力、体力、調整力などから可能性を見出して、それを強化するための実践に移す。競技スポーツはこれを繰り返して、向上をめざしていく。

私のハンマー投げも、考えてみれば大きな可能性が秘められていたことになる。社会人1年目の22歳、1968年のメキシコ・オリンピックの最終選考会である日本選手権では、60mも投げることができなかった。だがその後、技の追求とトレーニングに没頭して、38歳となった1984年には、75m96㎝まで記録を伸ばすことになる。今考えると、よくここまで記録を伸ばせたと思う。可能性を見出しては達成し、また新たなる可能性を見出し達成していく。これを何度も繰り返してきた結果、75mを超える自己ベストの記録にたどり着いた。

だがこの記録を達成したことで、私が極限の高まりに至ったかというと、そうではない。80代を迎えようとしている2024年現在、体力面ではピークを過ぎてしまったが、技術面では、まだやるべきものを多く残している感がある。私が考える「極限の高まり」とは、生涯体力のピークと、生涯技術レベルが共にもっとも高いところにあり、その両方が合致したときである。私はその極限を逃してしまったが、それは技術の難しさと複雑さがある、ハンマー投げという競技を選んだからだと思う。ハンマー投げでは、世界トップレベルにある選手たちを見ても、体力と技術のピークが合致した者は少ない。

またハンマー投げに限らず、競技スポーツ全般のピークは、肉体と精神のふたつの面から考える必要がある。肉体面は筋力、パワー、持久力から見る。筋力のピークは、一般的に男性が28歳、女性が26歳とされているが、私のウェイトトレーニングなどから見ても、たしかにそうであった。パワーのピークも、およそ同じ時期である。持久力は、長距離選手やマラソン選手の最高記録に達した年齢が参考となる。持久力も、およそ30歳前にピークを迎える。このように、筋力、パワーと、持久力のピークは、同じくらいの年齢で迎えることとなり、そのピークは数年続く。また体型面や身体の柔らかさなどが要求される競技は、ピークがそれよりも早い時期にくる。

精神面は、幅広く見る必要がある。心は常に肉体をコントロールしている。その心に問題が生ずれば、トレーニングどころか健康の維持もできない。また心には、物事をやり遂げる精神力や、動きを改良したりする創造力、さらに調整力などがある。これらの能力も、心が正常に機能しているときのみ働く。このことからも、スポーツ選手にとって正常な心の維持が、いかに重要かがわかるだろう。

そして、心が正常なときに、肉体面も生涯でもっとも高めることができれば、生涯競技力のピークが見えてくる。だが心は、パフォーマンスの低迷や故障などにより、肉体的なピークを迎える前に、自ら競技生活に終止符を打つこともある。

さて、可能性があるということは、潜在する能力を秘めているということでもあり、その潜在能力を引き出すことが、パフォーマンスの向上につながる。私は、夏と冬のパラリンピックをテレビで見たことがある。手、腕、脚、そして目の不自由な選手たちが、健常者には考えられないような能力を発揮する。損傷した個所を補い、日常生活をしていくだけでも大変なはずであるが、それ以上に厳しい競技スポーツにおいては、さらなる潜在能力を引き出していかなければならない。

もちろん一般の社会生活を営む健常者も、生きていくために食料を得て、住まいを見つけるために、潜在する能力を引き出して生活している。だが逆に、経済的にも生活環境にも問題がなく、安定してそれが長く続くと、人の潜在能力は発揮されないことが多い。何不自由のない生活を長く続けると、人は社会生活を営むことができないほど弱くなる。名家や一族経営の会社は「三代目で潰れる」といわれるが、これはまさに、潜在する能力を引き出さなくとも、十分生きていくことができる環境に生まれついているからだ。

また「全か無の法則」というものがある。ウェイトトレーニングでこれを説明する。私は故障を防ぐため、そしてウォーミングアップのため、はじめは軽い重量で回数を多くして挙げる。そして少しずつ重量を増していきながら、回数は少なくする。その中で週に一度ほどであるが、極限（マックス）の重量に挑戦する。当然、回数は1回であるが、失敗することのほうが多い。

最初の軽い重量では、回数を多くしても苦にならない。これは筋肉内にある筋繊維の働いている数が少ないためである。だが極限の重量に挑戦するときは、筋繊維のほとんどすべてが働く。このため、たった1回とはいえ大変きつく感じるのだ。私は筋力アップが必要なことから、筋繊維のほとんどすべてを一度に働かせるために、このような練習を行なった。これも潜在する能力を引き出すひとつの方法である。

このように潜在する能力を引き出すには、何らかの強いインパクトが必要なのかもしれない。なぜならば、人は厳しさを求めるより、楽をして過ごしたいという考えが根底にあるからだ。私も中学生のころ、隠居生活に憧れを持っていたことがあった。怠け癖があったのかもしれない。勉強にしても、自分の興味の持てないことは面倒くさい。しかし陸上競技を始めてからは、考え方が一変した。特にオリンピックに出場したいと思うようになってからは、厳しいトレーニングもあえて行なう強い心を持つようになった。

潜在能力とは、自分がこうしてみたいと思うときに、必然的に引き出される力である。だから関心のないことをしていても、それ以上の力は出てこない。要するに、自分が持っている能力でまだ発揮していないものがあるだけで、その力を発揮しなければいけないときに現れるのが潜在能力なのである。

競技の道に入って真剣勝負をするようになり、私は変わった。息子と娘もそうだった。競技で勝つために練習することで、記録が伸びていく。能力が伸びていく。そこに面白さがあって、のめり込んでいく。スポーツでなくても、何か真剣に打ち込むものがあればいい。そこに向かうことによって、子どもが横道にそれることもなくなると思っている。価値観が変わってくるからである。

これは決して、私たち家族だけに当てはまることではない。すべての人にその可能性はある。そしてそれは競技スポーツだけではなく、あらゆる分野においてである。また人にはそれぞれの個性（特性）があるので、その個性をよく知って、自分にとって、より可能性の高いものを見つけるべきであろう。だが大きな可能性のあるものを見つけただけでは、事を成すことはできない。厳しい道のりにはなるだろうが、やはり自分の中に眠っている能力を引き出してこそ、成果は出せるのである。

自分の可能性を知るために

スポーツを始めるにあたり、はじめに何をすべきか。特に競技スポーツにおいて、種目の選択は重要である。私はサッカーが、私は野球が好きだから、その種目を始める。それもよいと思われる。だが、競技スポーツは競い合うためにあり、結果は勝敗や記録となって表れる。いわば優劣がつくのである。こうなると、誰もが「勝ちたい」、あるいは「自己の記録を更新したい」と思うのは当然のことであろう。

そこで考えなければならないのは、「自分にとって、より向上していく（伸びていく）スポーツは何か」ということだ。個々の素質によって、向上していく種目とそうでない種目があるからだ。その素質を「体力」「体型」「感覚」の3つから考えていく。

体力

まず自分が、「瞬発力系体力」か「持久力系体力」のどちらであるかを、知ることから始める。各筋群内には、速筋繊維と遅筋繊維の両方が含まれている。速筋繊維は、「白筋繊維」とも呼ばれて、無酸素状態で筋活動をする。瞬発力系の筋繊維で、短時間で強い力を発揮するタイプである。

もう一方の遅筋繊維は、「赤筋繊維」とも呼ばれ、ミオグロビンが含まれているために赤く見える。このミオグロビンは、酸素を引き込む役割があるため、遅筋繊維は速筋繊維に比べて筋活動が長くなる。持続力系の筋繊維で、力は弱いが長持ちするタイプである。

だが実際には、筋肉内に遅筋が多いか速筋が多いかを調べるのは、不可能に近い。しかし自分が瞬発力系と持久力系のどちらであるかは、体力測定を行なうことでおよそわかる。測定には50m走（30mでもよい）、立幅跳び（走り幅跳びでもよい）、800m走（800m以上の距離でもよい）などを行なう。短距離や跳躍種目が強ければ、速筋繊維の多い瞬発力系体力、中・長距離が強ければ、遅筋繊維の多い持久力系体力である。この速筋、遅筋の割合は、生まれたときから決まっていて、小学校低学年のころから、どちらのタイプの体力かはっきりしてくる。このころから個々が、自分は瞬発力系体力か、持久力系体力なのかを知っておくことが大切である。

たとえば陸上競技でいうと短距離、跳躍、投擲は、瞬発力系体力の者に向いており、中・長距離、マラソン、競歩は持久力系体力の者に向いていることになる。十種競技や女子の七種競技は、どちらが向いているのか。十種には1500m、七種には800mと持久系の種目が一種目ずつある。だが、ほかはすべて瞬発力系の種目であるため、十種も七種も、瞬発力系体力のほうが優位な種目と言える。

サッカーはどうであろうか。たしかに前・後半合わせて90分と試合時間が長く、走り続ける持久力も必要である。だが陸上競技の８００m走のように、ずっと全力で走っているわけではない。30mから60mくらいを、インターバル形式に全力疾走している。さらにワールドカップに出てくる選手たちを見ると、そのスピードとジャンプ力は高いレベルにある。相手チームの選手よりいかに早くボールに追いつき、キープしなければならないかを考えると、瞬発力が勝敗を決める重要なファクターとなる。

野球はどうだろう。走ると言えば、ベースランニングと捕球時である。これは短い距離ではあるが速いほうがよい。バッティングやピッチングも考えると、瞬発力的体力の要求される競技であろう。水泳は、競技のほとんどの種目が有酸素運動であるため、持久力系体力の要求される種目と言えよう。このように、まず自身の体力はどのような種目に向いているかを知っておく必要がある。

体型

体型も各種スポーツのパフォーマンスに大きく影響する。体型は身長や体重だけでなく、細身、ガッチリ、肥満などの体質も考慮に入れる。さらに全身（頭、胴体、腕、脚、手、足）のバランスなどもパフォーマンスに影響する。

スポーツを始める前に、自分の体型についてもよく知っておかなければならないが、発育発達を考えると、幼少のころにはまだわからない。身長はおよそ中学生か高校生のときに決まる。骨の成長に合わせて身長が決まるためである。このころ、成長痛の起こることが多い。

余談であるが、息子の広治も中学3年生の夏に176㎝だったのが、わずか半年で184㎝になり、成長痛も起きた。レントゲン写真を見ると、脚・首の骨が太い。外科医に、運動はしばらく行なわないようにと言われた。そして高校のとき、現在の188㎝となったが、特に骨の成長期に厳しいトレーニングは禁物である。このため息子には、成長痛が治まった後も3〜4年は厳しいトレーニングを行なわせなかった。高校時代のウェイトトレーニングは、ごく軽いもので形を指導し、ジャンプ、ダッシュなども量を少なくして行なわせた。

それでも高校時代のハンマー投げで、広治は信じられないような記録を出した。それはウェイトトレーニングに重きを置かず、先天的に持っている力（特にジャンプ力やダッシュ力とハンマー投げの技術力）で、どこまで記録を伸ばせるかを考えたからである。大学に入ってからは、ウェイトトレーニングも本格的に行なわせるつもりだったが、ヘルニアになったため、1年間ほとんどウェイトトレーニングはできなかった。ヘルニアが治って、少しずつウェイトトレーニ

2000年7月22日、ハンガリーのブダペスト、パーミット陸上競技大会。人民競技場での広治、著者、由佳
写真：AP／アフロ

ングやジャンプ、そしてダッシュが行なえるようになった。

広治が大学3年生で72m台を投げたときの体重は、76～77kgしかなく、この体型ではさすがに世界へ出ていくことは難しいと思った。しかし予想に反して、大学を卒業して4年目で、広治の記録はなんと80mを超えた。このときの体重も90kg程度で、世界のハンマー投げ関係者は、その細い体型で80mを投げたことに驚いていた。その後も広治は、オリンピックや世界選手権で優勝するが、あの体型なら、ハンマー投げ以外でも、世界の一線で活躍できた種目は多くあったように思う。

娘の由佳も、体型面で息子以上に不向きな投擲種目を選んだ。１７０㎝で65kg弱。身長はまだしも、体重が少な過ぎる。重いものを投げる投擲種目では、体重が少ないということは、筋力が不足していることになるからだ。それでもオリンピックや世界選手権に出場できたということは、由佳もジャンプ力やダッシュ力、そして技術力が優れていたためである。

ほかの競技では、たとえば体操選手とバスケットボール選手の体型は、明らかに異なりを見せる。また同じ走る競技であっても、短距離選手と長距離選手の体型は異なる。これらのことからも、それぞれの種目において、強い選手はどのような体型をしているかを調べておく必要がある。世界を狙うのであれば、世界の選手の、その種目の体型を調べる。

だが体型は、成長期前にはわからない。そのためにも、成長する前に多くの種目を行なって、どのような種目に向いているかを知っておく必要がある。だが私の息子や娘のように、投擲種目に向いていないと思っていても、オリンピックや世界選手権で優勝、そして出場することもあるので、体型のみで推し量ることはできない。

感覚

赤ちゃんがハイハイを始め、つかまり立ちをして歩くまでの動作は、先天的な運動感覚によるものと思われる。その後は随意に行動していく中で運動感覚は身につく。この随意の運動は後天的と言える。

　また運動感覚の多くは、いったん覚えてしまうと忘れない。たとえば自転車に乗ることができると、何年乗っていなくともその感覚が残っているため、また乗ることができる。このため、それまで経験したことのない運動をできるだけ取り入れて行なうことにより、異なる感覚が増えて、動きの幅は広がる。

　運動のパターンは、大きくは並進運動と回転運動に分けられ、そしてそのふたつをミックスした運動ということになる。たとえば各種球技や陸上競技各種目、水泳、飛び込み、器械体操各種目、スケート、スキーなど、挙げればきりがないが、自らが経験していない運動を行なうことで、運動感覚の幅を広げておく。さらにリズムに対する身体表現力（ダンスなど）や、動きの優れた選手の模倣、さらにトランポリンのような空間での身のこなしなども重要と思われる。これらの多様な感覚を身につけることにより、前後・左右・上下と立体的に、あらゆる方向に動いていける感覚を持つことになる。どんなスポーツをやるにしても何らかのプラスがある。

父兄の方々においても、子どもの育成のために是非検討していただきたい。多くの場合、最初から野球やサッカーだけでは、その感覚のみに終わってしまう。競技者としての「動作の土台となる多くの感覚」というものがある。「身体の素養」と言ってもいいが、それを持っていないと、技術面の土台となる動作の発展を止めてしまうことになる。

投げひとつをとってもオーバーハンド、サイドスロー、そして、下から上に持って投げたり横に振ったりして投げる、突き出すといった具合に、投げ方はいろいろある。それらに一通り習熟していることも「底辺となる感覚」の一部である。陸上の女子でやり投げの日本記録を持っていた、海老原有希という選手がいるが、彼女も小さいころ野球をやっていたようだ。オーバーハンドで投げる感覚が、やり投げにも生かされている好例である。このような選手は結構多い。

体力、体型が同じであったら、基本的な運動センスが豊富な人のほうが伸びてくると、私は思っている。そのために子どものうちに、身体を使ったいろいろな遊びをやらせてほしい。遊び程度でよく、本格的にやらなくていい。感覚を覚えるための練習と考えてほしい。

またこれらの感覚づくりは、トレーニングではないので疲労感を伴わない。むしろ遊び感覚で行なうほうがよいと思われる。感覚づくりは、専門種目を始める前に行なうことが望ましい。となると3、4歳くらいから始め、中学校に入学するまで、10年間の長きにわたり行なうことになる。

どうして私がその年代にこだわるかというと、私自身、子どものころにそのような感覚が備わっていなかったからである。ハンマー投げの選手となってから、大きなスランプに遭遇したのもそのためであろう。もちろん、ハンマー投げという競技が、技術の難しい種目であったことも事実である。本書で書いてきたように、私は大きなスランプに遭遇したときも、ハンマー投げの技術の研究と実践を繰り返すことで、乗り越えてきた。その経験により、私は「ハンマーを遠くに飛ばす感覚」を獲得したのである。そしてその豊富な感覚が、息子や娘、多くの学生選手の指導に役立った。

さらに、専門以外の知識も必要だと思う。専門家は自分の専門だけ知っていればいいわけではなくて、世の中のいろいろなことを知る中で応用が利いてくる。私も物理学という学問は専門外であるが、自分のやってきた投擲を見直すときに、物理の本を読んでマクロたる法則を見つけることができた。

現在も私はハンマー投げの指導をしているが、教えることの難しさは感じている。それは、選手に「ハンマーを遠くに飛ばすための感覚」が備わっていないことにある。そのため、感覚養成のドリルを考案して行なわせるが、それでもできないことが多い。そこでさらに、新たなドリルを考える。しかしそれもうまくいく確率は低い。選手たちにもそれぞれ個性があるため、問題点もそれぞれ異なる。

広治と由佳の場合

息子の広治には、10歳のころハンマー投げの指導を行なった。私が38歳、アメリカのカリフォルニア州立大学ロングビーチ校で研修をしていたときである。その時期から息子は、私の投げを見て、小さな軽いハンマーを真似して投げるようになった。最初は遊びである。だが遊びとはいえ、正しい動きではなかったので、「広治、ハンマー投げを本当に教えるからやってみるか」と聞くと「うん」という返事が返ってきた。翌日から練習を開始した。だがロングビーチ校でハンマーを投げさせたわけではない。大学の近くのアパートの、洗濯機がたくさん置いてある、コンクリートが敷かれた土間で行なった。もちろん、軽いハンマーとはいえ危険であるため、最初はハンマーを持たせずに行なった。

ハンマー投げは左足を軸足に、踵から指の付け根に軸を移動させて、1回転する。右足はできるだけ長く地面に着けて、回転の切り替え時に地面から離して、すぐ着地させる。一方、ハンマーの取手を持つ両手は軽く握り、両腕を伸ばして、その先にあるハンマーをイメージできるようにする。そして下半身のフットワークに合わせて、両腕の加速をしていく空ターン（ハンマーを持たない回転のみの練習）を行なう。このハンマー投げの基本動作を、息子にもまず理解させて、何度も何度も繰り返し練習させた。ハンマーを投げられる場所に行って、ただ投げているだけでは、ハンマーを加速させる繊細な感覚は身につかないと思ったため、ハンマーを持たせないこの方法で指導した。

はじめは1回転のみの動作を行なわせた。それだけに6時間を費やした。2日目から2回転も交えて行なったが、やはり6時間程度かかった。3日目は3回転も行なった。3日目になると息子も、1回転ごとにフットワークに合わせて、ハンマーを加速させることができるようになってきた。3日目も6時間かかったが、私は「これでハンマー投げの基礎的な感覚は伝授できた」と思った。

息子もよく頑張った。その翌日ハンマーを投げさせてみると、驚くほどの素晴らしい投げになっていた。もちろん10歳少し前の子どもである。ほかの遊びにも夢中だったこともあり、その後ずっとハンマー投げの練習を続けたわけでもない。将来ハンマー投げの選手になるかどうかもわからなかった。だが私はこの日の息子の投擲を見て、彼はこのとき、「ハンマーを遠くに飛ばす感覚」をつかんだように思った。

娘の由佳のハンマー投げは、1999年、大学4年生の春から始まった。女子ハンマー投げ

1984年ロス五輪の前、ロングビーチ校での練習。後方には当時９歳の広治、６歳の由佳の姿も

が、2000年のシドニー・オリンピックより、正式種目に加わることになったためである。それまで娘は、円盤投げの選手として活躍していた。21歳からハンマー投げを始めるのは遅い気がしたが、本人の希望である。息子の10歳のときとは違い、じっくり時間をかけて基本動作を身につけさせることはできなかった。スウィング、回転などもハンマーを持たせながら教えた。ある程度のことしかできないことはわかっていた。だが娘もそれなりの動きを身につけて、2004年のアテネ・オリンピックに出場した。

息子と娘にハンマー投げを教えた経験から、それぞれの専門種目の基本動作の感覚は、良き指導者の下で身につけることが重要だと思った。

前述の通り、1980年、私は愛知県豊田市にある中京大学に赴任した。息子が5歳半、娘は3歳になったばかり。幼稚園が終わると、ふたりをそのまま陸上競技場に連れていくことが多かった。ふたりは走高跳びや棒高跳びのマットの上で遊んでいた。また大学のプールでの水泳教室、少林寺拳法なども子どもたちの希望で習いにいかせた。野球も少し行なった。幼稚園の運動会を見にいったことがあるが、短距離走はふたりとも抜群に速かった。

年が経つにしたがい、ふたりとも投擲に興味を持ち、投げる真似をするようになった。アメリカに滞在していたときはテニスも行なった。ほかにも私の知らないところでの、子どもたち同士の遊びもあったであろう。このようにして、私のふたりの子どもは運動感覚を豊富に身につけていった。

そう、遊びでよい。多くの種類の運動の感覚を、遊び感覚で豊かにしていく。遊びであれば、疲れたら休む。身体に必要以上の負荷がかかることもない。本格的なトレーニングを始めるのは、高校の終わりか、大学に入ったころからで十分であると思う。

子ども時代から、「体力」「体型」を知り、「感覚」を育て、将来どのようなスポーツ種目に向いているかを見つけていく。これは競技スポーツに限らず、文化・芸術から職業に至るまで同じような方法で育成していくのではないだろうか。

生きていくのに欠かせない「高まり」と「活力」

私の話に戻ると、競技を続けて30歳を過ぎたころであろうか、「私はどうしてハンマー投げを続けているのだろうか?」と真剣に考えたことがあった。当時の日本体育協会スポーツ憲章第2条には、「スポーツを行うことによって、自らの物質的利益を求めない」とあった。憲章が言うように、プロスポーツでない限り、自ら行なう競技もしくは自らの競技に関することについて、一切の報酬はない。

これはアマチュアスポーツを行なっている以上、仕方のないことであると思っていた。このため多くのアマチュア競技者は企業にお世話になり、また教員となって給料をいただき、選手生活を続けていく。

私も独身のときはそれでなんとか暮らしていけた。しかし30歳を過ぎると、家庭のある身で競技を続けていくことに、不安を感じるようになった。特にハンマー投げは、野球やサッカーなどのように人気のある競技ではない。それでも日々、体力アップのためのウェイトトレーニングやジャンプ、ダッシュなどの厳しい練習を続けていかなければならない。そして「ハンマーをより遠くに飛ばす」ための、マクロの物理法則にかなった、複雑な技術と向き合いながら投げていく。雪が降って地面が凍る真冬も、40度近くまで気温が上がる、厳しい暑さの真夏も。ここまでして、どうして私はハンマー投げを続けるのか?

報酬はない。それでもハンマー投げを続けたい。私のこの欲求は、どこから来るのだろうか。ひとりで考え続けて、やがてその答えは見つかった。それは「高まり」である。人は高まる(伸びる、成長する)ことにより、喜びや幸せを感じる。そしてそのプロセスを経験することで、自信を持つ。さらに考えていく中で、私は大変重要なものにたどり着いた。それは「活力」である。

人は「高まる」ことで、「喜びや幸せ」を感じ、成長のプロセスを経験することで「自信」を持つ。するとそこに「活力」が生まれる。

そしてこの活力であるが、私は人が生きていく上で大変大事なものであると思う。「活力なくして生きている意味はない」と考えている。活力を生み出す源は多くあり、自らの力だけではなく、ほかを媒体として活力を得たりもする。たとえば指導的立場にある人が、指導した者の高まり（成長）に、喜びや幸せを感じたりする。スポーツの指導者だけではなく、家庭においても地域においても、あらゆるところに指導者は存在する。

79歳になった私が、今もハンマー投げ選手の指導を続けているのも、選手たちから活力をもらっているからである。人は生涯にわたり、家庭や社会に迷惑をかけない限り、この活力を生み出すものを見つけていくべきだと、私は思う。

特に高齢者は趣味を持つべきである。趣味であれば、仕事とは違って、楽しんで活力を得られる。できれば身体を使うものと頭を使うものの両方がよい。心と身体の両方に刺激を与え、認知症を防ぎ、体力の維持にもつながる可能性がある。

もちろん、本業の仕事からも活力は得られる。仕事において活力を得ることができるのであれば、生きていく上でもっとも効率が良いかもしれない。しかし、これとて家庭をないがしろにしてよいというものではない。家庭にも社会にも迷惑をかけることなく、活力を生み出すものを見つけるべきである。またあまりにもお金のかかる趣味は、家庭の経済状態を悪化させる恐れもあるので避けるべきであろう。お金のかからない趣味は、探せばいくらでもある。仕事も趣味も、自らの活力源を得るためにあることを忘れずに探してほしい。

私は囲碁とゴルフが趣味である。囲碁は没頭するあまり、指導に差し支えるので、長らく封印していたが、インターネットでできることがわかり、1年前から始めた。「COSUMI」というゲームで8段階の8のもっとも高いレベルで挑戦しているが、多くは50目以上の大差をつけられ負ける。1日少なくとも3局は打っている。ゴルフのほうは月に数回行っている。これらの趣味が生活の潤いとなっていることは事実である。繰り返しになるが、ハンマー投げの指導からも活力をもらっている。また子や孫たちの成長からも活力を得ている。このように活力を得るものは身近に多くある。

また負を克服していく活力もある。病気や経済的な負担も活力を生み出し、それを克服した事例も多い。生きていく上で、活力を持つことがいかに大切であるかを記させていただいた。

どうしたら自らを高めることができるか

活力を得るためにも、自らを高めることは重要である。その高める（伸びる、成長する）ことの本質を考えていきたい。スポーツでは明らかに能力が以前より高まったとき、学問でも知力の向上が明らかになったとき、人は喜びや幸せを感じ、そして自信を持つ。

それでは、どうしたら高めることができるのであろうか。『人間の生物学』（菊山栄ほか、培風館、1985年）という本を読んでいたとき、私は高めるための本質はここにあると思った。「生物の基本単位―細胞」の項目の中に、生物の一般的特徴が記されていた。

生物の一般的特徴は、

（1）自発的に運動すること
（2）刺激に反応すること
（3）外界から物質を取り入れ、それを変化させてエネルギーを得たり、成長すること
（4）生殖によって同種の個体を新しくつくり出すこと

などである。

私は、高めることとは（2）の「刺激に反応すること」にあると思った。それは私が長年、

投げや体力アップのトレーニングをしてきたからであろう。ダッシュやジャンプ、そしてウェイトトレーニングを行なうときには、身体に「刺激」を与え、またハンマー投げの技術を考え、ハンマーを投げているときは、運動神経に「刺激」を与えている。

しかし単に刺激を与えるだけでは高まらない。それではどうしたら高まるのか。私の経験から、各種のトレーニングや投げによって、刺激を与え続けると、あるとき高まりを見せる。それはトレーニングや投げによる刺激に、「適応・順応」したから起こる現象である。考えてみれば、私の場合は早いときで、ウェイトトレーニングなどは1週間か2週間、投げは10本程度で、身体が適応することもある。そして適応したときには、能力が以前より向上して、「高まった」と感じる。それまで行なってきたトレーニングに適応したならば、次はその上のレベルの刺激に適応させていく。スポーツ選手はこれを繰り返して、高まりの極限をめざしていく。しかし高まりも極限近くなると、容易に適応しなくなる。それは体力面で生涯での限界近くになるためである。

だが技術面では、動きの効率性をめざしているため、アイディアが出るたび、新たに適応させようとする技術は出てくる。そして新たに出たアイディアと従来の動きの組み合わせを考えると、適応させる数はさらに多くなり、尽きることがない。現役を引退して指導者となっても、選手に対して自らのアイディアを適応させようと、高まりを求めていく。

さてこの刺激には「強弱」と「種類」がある。これを詳しく説明していく。まず刺激の「強弱」である。個々の強弱を知るためには基準が必要となる。その基準は、老若男女すべての人に共通していて、その人の現時点での心と身体の能力である。

現時点より弱い刺激を与えて、適応させたならば、その人は弱くなる（衰える）。だがこの弱い刺激（楽をすることと同じ）は、厳しさや苦しさがないためむしろ心地好いのかもしれない。強くなるためには、強い刺激に適応させなければならない。だが適応させていく過程においては、苦しさや厳しさを感じる。

たとえば持久力を高めるトレーニングでは血圧、心拍数、呼吸数が高まり、苦しさを感じ、筋力アップのトレーニングでは筋肉痛が起こる。スポーツ選手は強くなりたいという目的があるため、多くのトレーニングに伴う苦しみや厳しさを乗り越えられるが、一般人はよほど強い信念がなければできないのかもしれない。

また強過ぎる刺激というものもある。この強過ぎる刺激は、精神面の強い人が陥りやすい。かつて私が猛練習を数年続けたように。これは一般的にはオーバートレーニングと言われ、疲労困憊の中でもトレーニングを長期にわたって遂行していくことにより起こる。この強過ぎる刺激を長期にわたって与えると、神経系にダメージをもたらす。肉体は疲労困憊状態にあるのだが麻痺しているので、厳しいトレーニングを続けていくことはできる。だが徐々に精神面は無気力となって、最終的にはバーンアウトする恐れもある。

このためにも自らをよく知って、休息や強い練習や弱い練習などを織り交ぜながら、トレーニングをしていかなければならない。

また刺激には「種類」がある。たとえば、投擲選手が長距離選手と同じ練習を長期にわたって行なったとする。長い距離を走るだけで、ウェイトトレーニングやジャンプ、そしてダッシュも行なわず、投げることもしない。これを数か月続けただけで、投擲選手の能力は一気に落ちるであろう。投擲選手と長距離選手では、与える刺激の種類が異なるのである。

ハンマー投げの練習においても、わずかな動きの種類によって刺激は異なるため、それを積み重ねていくと、数メートルの記録の差となる。このためハンマー投げ選手は絶えず効率の良い投げを考えて、テストを重ねていかなければならない。

これは刺激の種類に適応させた図式である。

A「技術的に効率の良い種類の刺激を与える」→「適応させる」→「高まる」

B「技術的に効率の悪い種類の刺激を与える」→「適応させる」→「低下する」

時間をかけ技術練習をしてもAとBとでは雲泥の差となる。

現在私が学生に指導をする際も、効率の良い刺激に適応させることに重きを置いている。競技者の技術や能力の向上にとって、大変重要な要素であるからだ。

刺激を与える対象は、肉体と精神のふたつがある。「こうなりたい」という目的を持って、強弱や種類を利用しながら心身を刺激に適応させて、自らをつくりあげ、他もつくっていく。これは実に素晴らしいことではないだろうか。自らが理想とする人間になれるのだから。自らを高めるために刺激に適応させることは、トレーニングの原理原則とほぼ同じである。

ここまで、どうしたら高めることができるかを述べてきた。自ら高めようとするものを見つけて、そこに向けてチャレンジしていく。そして高まったことによる喜びや幸せを感じ、自信につなげていただきたい。それが生きていく上での活力源となるからである。

トレーニングの原則について

トレーニングの原理には、「過負荷の原理」「特異性の原理」「可逆性の原理」の3つがある。

これを私は「刺激への適応」をもって説明させていただいた。さらに「刺激への適応」には、この3原理と「反復性の原則」も含まれる。さて、トレーニングの成果を「得る」ものが原理であるのに対して、原則は「高める」ための方法を説くものである。このトレーニングの原則は、「全面性の原則」「個別性の原則」「意識性の原則」「漸進性の原則」「反復性の原則」の5つからなる。

全面性の原則

練習時にはそれぞれ身体の器官が働く。その器官は筋肉系、神経系、循環器・呼吸器系、骨・靭帯などである。筋肉系の働きは、筋収縮により骨を動かし、身体そのものを動かす。神経系の働きは、反応に対しての種々の動作が主なものである。循環器・呼吸器系の働きは運動に対して、心拍数や呼吸数、そして血圧などの調整を行なう。骨と靭帯は、可動域(柔軟性)を示す。そしてこれら器官の働きは、それぞれの運動により異なる。

陸上競技の投擲種目と、長距離種目を比べてみると、わかりやすい。たとえば投擲選手の練習はダッシュ、ジャンプ、ウェイトトレーニング、そして投げを行なうが、有酸素運動はほとんど行なわない。このため長距離選手と比べると、循環器・呼吸器系の能力は低い。私も選手に「週に一度は2㎞程度のジョギングが必要だ」と言うのだが、100kg以上の体重のある投擲選手にとっては厳しいようだ。

また長距離選手は、循環器・呼吸器系の能力は高いが、筋肉系、神経系の能力は低い。投擲選手にしても、長距離選手にしても、どこかの器官の能力があまりにも低いと、その人の運動選手としての能力全体にも、悪影響を及ぼす。このため能力の低い器官も時には働かせ、全器官の能力がスムーズに働くようにしておかなければならない。これが「全面性の原則」の意味合いである。

この「全面性の原則」を、会社と社員の関係で考えてみる。社員の多くは、社内での異動や転勤などを経験する。これは、それぞれの部署の仕事を理解して、会社全体の方向性を知ってもらうためにあると思われる。また学業においても、小、中、高校と多くの教科があり、大学においても教養課程がある。深くも浅くも、多くを学ぶことにより、知識の幅は広がる。

「全面性の原則」は、倫理観にも当てはまる。日々の報道を見ていると、過ちを犯す人が多いことに驚く。彼らのほとんどが、倫理観を欠いた人であるように思う。実業家やスポーツ選手の中にも、優れた業績を上げながら、倫理観を欠いて、過ちを犯す人がいる。何をするにせよ、私は「倫理観」こそ、すべての考え方の中心に置くようにしなければならないと思う。

競技者ならドーピングには決して手を出してはいけない。今は検査が厳しく、特に日本ではドーピングは犯罪あつかいなので手を出す者もいないが、海外では2〜4年の謹慎が明ければ復帰できるので、躊躇（ちゅうちょ）せずに行なう者もいる。しかしリスクを負う必要はない。過去に出した記録も無効になる。はじめから「やってはいけないことはやらない」という気持ちを持つことである。

個別性の原則

トレーニングにおける「個別性」とは、それぞれその時点での体力、体型、感覚、年齢、経験年数、性別などを考慮に入れて、行なうことを指す。特に成長期にある小学生と大学生のトレーニングを、一緒に行なうことは望ましくない。小学生にとって大学生のトレーニングは強過ぎて、ついていくことができないからである。

そして、この原則とは逆になるが、大学生同士でトレーニング（ダッシュ、ジャンプ、ウェイトトレーニング、持久走）を一緒に行なうことにおいては、競争原理が働き、成果を出しやすくなることもある。

「個別性の原則」には、個人の体力、体型、感覚、年齢、経験年数、さらに性別などに合わせたトレーニングを、効率的かつ効果的に行なうという目的がある。また自らがほかより劣る能力をレベルアップさせる、あるいは新たな動作にチャレンジするなど、個々で行なうことのほうが成果を出しやすい場合もそうである。

だが個別のトレーニングは、集団で同じトレーニングを行なうよりも、成果が出せなければ意味がない。近年、実社会においても「個別性の原則」をとることが多い。特にリモートによる仕事などは、仕事の個別性と効率性を追求してきた結果であろう。

意識性の原則

私が長きにわたり指導をしてきた中で、多くの選手に欠けるものが、この「意識性」であるように思う。目的を持ち、意識的にトレーニングをしている者と、漠然とトレーニングをしている者とでは、将来大きな差が生まれる。私がかつて長いスランプを乗り越えられたのも、「考える（意識する）」ことを始めたからである。心・技・体・調（調整・コンディショニング）の大局から、細かい動きまで、ハンマー投げのパフォーマンスを高めるために考えて、そのアイディアを実践してきた。そして指導者として今も、選手たちの向上のために考え続けている。これは、ハンマー投げが特に、難解な技術を要する競技だからであろうか。

そして、この「意識性の原則」は、指導者より選手自身が守るべきものである。これができない選手の多くは、既成概念が邪魔をしている場合が多い。「虚心坦懐（たんかい）」という言葉があるように、先入観を捨てて柔軟な考え方を持つことである。選手自らが殻を破り、新たなものに挑戦していくクリエイターとならなければならない。

これを簡単な図式にしてみる。

意識して実践→成功または失敗→回路ができる→その回路が多いほど正確性は高まる

まずは自分の課題や目的を意識して、実践してみる。すると、そこに「成功」または「失敗」という結果が出る。ここで失敗はダメかというと、そうではない。失敗も成功もひとつの「回路」として残る。成功そして失敗の回路を増やしていく。この回路が多くなればなるほど、技術の幅が広がり、成功の確率が増える。このような考え方で実践していくことが、意識そのもののレベルアップにつながる。ハンマー投げだけでなく、ほかの多くの分野での成功においても、この「意識性の原則」は当てはまるはずだ。

漸進性の原則

「漸進性の原則」とは、無理せず焦らず、少しずつ進めなさいということである。「遅れを早く挽回したい」「より強くなりたい」と思う気持ちが引き金となって、この「漸進性の原則」を無視してしまうことが多い。本来であれば、自らのペースで強化していくべきところを、故障あるいは病気でトレーニングを中断せざるを得ず、気持ちに余裕がなくなり、従来行なってきた以上のトレーニングを行なってしまう。はじめはこなせても、病みあがりや故障後の身体は、一気に疲労感や倦怠感に襲われて体調を崩す。また病気や故障でなくとも、自己の記録を更新したい一心で、普段より質・量共に多いトレーニングをしてしまう。一気にトレーニング量を増やすことによって、疲労困憊となり、逆にパフォーマンスを低下させる。

このようなときには、余裕を持ったトレーニングで慣らしていく。私もかつて、息子や娘にもそうさせた。腹八分目どころか、さらに練習量を少なくさせる。本人たちも心配になるほどに。

「漸進性の原則」は、日常生活のリハビリについても同じことが当てはまる。リハビリと同じように焦らず、少しずつ心と身体に弱い刺激をかけて、復帰していくことである。

反復性の原則

反復は「繰り返す」という意味である。トレーニングにおいての反復は、継続していくことの重要性を示す場合が多い。「トレーニングを継続するか、中止するか」ということになると、継続していくほうが成果はあるかもしれない。しかし単なる継続であっては、心身における「極限までの高まり」には至らない。

ここで前述した「刺激への適応」を思い出していただきたい。肉体または精神に刺激を与える。その刺激に適応させるために反復はある。そして適応したならば、反復は終了である。しかし適応したものを維持するには、反復を続けなければならない。またその上をめざすのであれば、さらに強い刺激に適応させるための反復を行なう。また異なる種類の刺激にも適応させるために反復する。私の場合、競技力を高めるため、何種類もの刺激や強度を増し反復させた。またそれを1日のトレーニングの中で行なうこともあった。

この「反復性の原則」は一般社会でも多く活用されている。その多くは、その人を新たな刺激に適応させるためにある。語学のリスニングやシャドーイングなども「刺激への対応」にあたるだろう。もちろん、「今、自分に適応させようとしているものは何か?」をよく知って、行なうことが重要となる。

これらのトレーニングの原則は、スポーツのみならず、あらゆる分野に効果をもたらす。そしてこれら「全面性の原則」「個別性の原則」「意識性の原則」「漸進性の原則」「反復性の原則」は、そのときの自分の目的を達成させるためのツールなのである。

第4章 競技者・指導者のあり方について

日本大学陸上競技場での著者

競技者のあり方とは

競技者は競い合うために存在する。その競い合いの目的は、相手に勝つ、または相手チームに勝つことにある。競技には、陸上競技や競泳のように記録となって表れるものがあり、これも競技者にとっては大きな目標となる。

当然競い合いの中では、勝者と敗者が生まれる。また自己の記録を更新する者もいれば、記録の伸びない者も出てくる。これらを繰り返し経験していく中で、地域、県、国の舞台へ進む者もいれば、その途上で振り落とされる者も出てくる。勝ち進む者の中には、ごく少数であるが、世界に到達する者も出てくる。さらに稀（まれ）であるが世界に君臨する者も現れる。

競技者によって、それぞれのポジションや記録に差が出るのはどうしてであろうか。それは個々の素質に起因するところが大きいと思われる。前述したように、競技者の素質には「体力」「体型」「感覚」の3つがあり、それは同じ両親から生まれた兄弟姉妹でも異なる。もちろん素質だけで、各種の能力を高めていくことはできない。素質に加えて、やり遂げる精神力や向上させようとする研究心、さらに洞察力といったものが必要となる。

さて、それぞれのポジション（地域から世界まで）で低迷が続いている選手は、どうすればよいかである。まずは自己の問題点を見つけていくべきであろう。それも心・技・体・調（調整・コンディショニング）から見ていく。だがこれらから大きな問題点が見つからない場合もある。その場合は、第三者（指導者や同僚）に見てもらうとよいかもしれない。固定観念が邪魔をして、自らは気づいていないことが意外と多くあるためである。

力の抜き方について

私はよくハンマー投げ選手に「腕の力を抜け」と言う。そのためにまず手首の力を抜き、肘の力を抜く。そしてハンマーを投げさせるが、これをウェイトトレーニングのデッドリフト、スナッチ、クリーン、そしてベンチプレスまで、そのようにして行なうよう指示をする。腕を使わなければ、体幹を主に使い始めるからである。腕や足を先に使ってしまえば、体幹はほとんど使わずにその動作は終わり、結局大きな力は生み出せない。力の伝導の原理もそうであるが、投擲での理にかなった動きは、「動きは遅いが力の強い筋肉（胴と大腿の筋）を最初に使い、動きは速いが力が弱い腕、手、足などの筋肉の力はあとで発揮する」。そしてこのとき、前述した「丹田」が動きの要となる。

丹田についてもう少し詳しく話をしよう。丹田はへその下あたりに位置するが、あくまで感覚的なものであり、また動きの中で使うものである。第2章でも述べたが、もう一度、へその下あたりの一点を意識して、そこを起点にして腕を上げてみてほしい。腕だけで上げるときとの感覚の違いを確かめて、次に何か重さのあるものを持ちあげてみる。このとき、腕の力は抜けている。ウェイトトレーニングも同じ要領で行なってみるとよいだろう。相撲を取るときも、丹田を意識していれば、相手に押されても簡単には崩れない。

このように丹田とはそれぞれの動きの中で使うものであり、何かの動作をするとき無駄なところに力が入らずダイレクトにその動かす方向に力が伝わる。

さらに言うならば、美学的観点からも問題点を解決できることがある。美しく感じる動きは、スムーズでダイナミックに見えて、決して力強さや硬さを感じさせない。そのためには働かせる筋群のみを使って、無駄な筋群は一切使わないようにしなければならない。走りや跳躍、投擲の際に、顔面や首、肩、腕に力が入り過ぎている者をよく見かける。これでは働かそうとする筋群を妨げることになる。アメリカの短距離走のトップクラスの選手の走りを見ていると、頬(ほお)がぷるぷると震えており、無駄な力がまったく入っていないことがわかる。彼らは、丹田を意識しているわけではないだろうが、自然に力が抜けている。

このために前述した「身体特性の利用」のみにより身体を動かすことを考えて、実践するこればならない難しさがある。

とも重要である。ただし競技スポーツの「美」は、高速動作の中でそれができるようにしなければならない難しさがある。

歩き方について

私は「歩き方が悪い」ともよく選手に言う。この歩き方も前述した通り、地面からの反力を大きくするために行なう。選手に歩き方の指導もするが、多くの者は教わったことを忘れて、数分も経つともう元の歩き方に戻ってしまう。集中し徹底して行なう気持ちがなければ、技術をものにすることはできない。練習ではもちろん、複雑なハンマー投げの動きなど、専門的な技術も時間をかけて指導するが、選手には伝わらないことが多い。

これは選手が自ら考えて、実践していくことができていないためであろうか。選手があるレベルに達したならば、選手自らが心・技・体・調の高まりを目標に考えて、そして実践していくべきである。選手自身が自らをつくりあげていくことをしなければ、それ以上の能力が獲得できないからである。

ここで歩き方についても、もう一度おさらいしておこう。

地面の反力が大きくなる歩き方。実演は福田選手

① 直立状態。
② 重心を2㎝ほど落として立つ。背筋は伸ばしたまま。重心が少し下がり、膝も軽く曲がる。
③ 前足を踏み出す。着地するとき、前に繰り出した膝の上に、上体が乗るようにする。
④ 着地の瞬間、膝から地面を押す。地面から伝わってくる反力が、歩く推進力となる。

私はハンマーの投擲を安定させるために、自分の重心を少し低くするところから始めた。膝を曲げることで地面の反力を得られるのは、垂直ジャンプをしてみればよくわかる。膝を伸ばしたままでは、跳びあがることができないだろう。だから歩行の際も軽く膝を曲げておくことで、着地するときに踏ん張りが利き、膝を伸ばすことでジャンプ同様、地面からの反力が得ら

シャフトを利用した軽量スクワット。実演は福田選手

シャフトを利用した軽量デッドリフト。実演は福田選手

れるのだ。同時に、上体と腰が膝に乗ることで、上向きの反力を前方への推進力に変えることができる。

要するに、この歩き方をすることで、地面の反力が大きくなり力強い歩きになる。ハンマー投げに限らず、日常生活でも有効なので、是非試してみていただきたい。

私が、自分の歩きを完成させた5、6年後に、この歩き方を長距離走の選手に応用してみた。大昭和製紙陸上部時代の後輩である、泉田利治(としはる)だ。彼は私のマッサージをよくしてくれた。そのときにいろいろな話をしている中で、彼の走りに問題があると指摘した。そして「走法を変えたら伸びるかもしれない」と伝えて、彼の意思も確認し、走法の改良を始めた。

その方法は、身体の重心を10㎝から20㎝下げて、胸を張り、腰が後方に落ちないように丹田を意識して、腰から前方に重心を移動させていくものだ。泉田は徹底してこれを行なった。また、背筋を強くするためのデッドリフトやスクワットも、軽重量で行なわせた。その結果、地面反力を高めるこの走法は功を奏し、泉田は5000m走や1万m走の記録を大幅に伸ばした。泉田は、後に日本ケミコンに籍を移し、オリンピックや世界選手権に出場する選手を育てるようになる。それは私にとっても、嬉しいことであった。

自己分析、目標設定について

自己分析には過去、現在、未来の3つの視点が必要である。向上のための分析は、過去を見なければいけない。過去の試合で自分がどういう問題点を持っていたかを分析する。その問題点を直していくのが現在である。そしてその現在の取り組みは、未来につながっていくものでなければならない。「自分はこうなりたい」という明確なビジョンが必要である。要するに自己分析とは、次なる目標設定につながるものである。

だから、現時点での自分の問題点を探ることが非常に重要であり、それを嫌がってはいけない。むしろ問題点を直すことで、将来違った結果が出てくる。そのような大局感を持つことで、冷静な自己分析ができて、競技力を向上させる適切な練習にも導かれる。自己分析と目標設定は同じところにある。

私の選手時代も、自己分析と目標設定の繰り返しであった。自分の体型や体力から分析して、世界のレベルに近づいてきたときに、「ここを直したら、このぐらい遠くまで投げられる」というところで、飛距離を伸ばすことを常に考えていた。無意味に「大きく記録を伸ばす」などという発言はしなかった。無理なことはできない。挑戦とは、可能性があるものに対してするものである。突拍子もないことは言わない。何事も着実にいくことを考えた。

たとえば自分の年間の記録を通して見たとき、5mの幅があるとする。ベストの記録が72m50㎝で、下が67m。私は、その平均のレベルを上げる練習を徹底的に行なった。土台をつくってしまうのである。そうでなければ、記録を伸ばしていくことはできない。

1本できた会心の投げは、いつも出せるわけではない。だから私は、投擲距離の平均レベルを上げていくことを考えた。言うなれば投擲力の底上げである。これは大変な努力を要する。練習の中で、新しい動きが決まってくると、その動きが10本あるいは7本連続でできるまで、投げ続けることも行なった。途中で1本でも失敗したら、また最初の1本からやり直す。10本連続で成功させる。そうした練習を繰り返すことで、投擲距離の平均値を上げていく。その土台ができると、飛距離がまた伸びていく。

どうしてもできないこともある。しかし1本1本が真剣勝負だった。

コンディショニング、メモや動画の活用について

心・技・体・調の「調」。調整力、すなわちコンディショニングは大変重要である。コンディショニングは、基本的に「超回復」を狙っていく。ウェイトトレーニングやジャンプ、ダッシュといったトレーニングを積む中で、3日やったら1日休む、あるいは2日やったら1日休む。2日、3日と練習を続けていると、ウェイトで挙げられる重量も、ジャンプ力もダッシュ力も、投げる力も必ず落ちてくる。そこで休みを入れると、トレーニングを再開したときよりも能力が上がる。これが「超回復」である。

私が大学時代、オーバートレーニングによって2年半の長いスランプを経験したことは、先述の通りである。休む日はきっちり1日休む。2日練習して1日休んで、1週間の練習計画を立てていく。シーズン中とシーズンオフではまた違う。シーズンオフは試合がないから、疲れていても負荷をかけていく。シーズン中は、練習量を少なくする。

これは世界選手権のなかった時代のことであるが、オリンピックに向けて4年のサイクルをつくる。そのため海外では、オリンピックが終わると1年休む選手がいる。リトビノフもオリンピックの翌年、1年間ハンマーを投げないときもあったと言っていた。試合本番で最高の力を生み出すために、3年前から調整を始めていくわけである。

競技によって、また個人によって、超回復のペースは違うため、休み方も違ってくる。自分の超回復のペースと疲労度は、競技者が自分自身で把握しておくべきだ。指導者にはわからない。

練習での動画の活用については、第2章で繰り返し述べてきたように、私は8㎜カメラを早い時期から使って研究していた。現在はスマートフォンで手軽に撮影できるので、ほとんどの競技者が、自分の動きや手本となる競技者の動きを、撮影して研究していると思う。しかし、今のようにあまりに身近に動画がある環境もいかがなものかと思う。みんな動画を見ているだけで、真剣に考えることをしていないのではないかと思われる。私の場合は、8㎜フィルムを現像に出して、映像ができるまで1週間かかった。その間、「どのような動きをしていたのだろう?」とずっと考えていた。この違いは大きいと思う。テクノロジーの進歩が災いして、映像を見ても直すすべを知らない、細かく見ることができない競技者が増えているのではないだろうか。

メモについても似たところがあると思う。私も大学時代にスランプに陥る前は、練習で気づいたことをメモしていた。しかしスポーツの場合、アイディアは書きつけるものではなく、身体で表現するものだ。そのことに気づいてからは、書くことは一切やめた。身体で表現するためには、そのアイディアやイメージを身体に覚え込ませなければならない。紙に書いても忘れ

選手の動きをスマートフォンで撮影

撮影した選手に動画を転送し指導を行なう

てしまう。だから私は新しいアイディアが浮かぶと、その感覚が身につくまで実践を繰り返した。1回1回が真剣勝負である。

また、一流選手の動きは絶対、何度でも見るべきである。同じ選手の同じ動きでも、自分が新しい動きを見つけた後では、見え方が違ってくるものである。その変化を見逃さずに、また自分の動きを見直していくことで、さらに良い方向へと変化していくことができる。

ここで言っておかなければならないことがある。いくら技術レベルが高くとも投げる力がなければハンマーは遠くに飛ばない。当時80mを投げた西ドイツのカール＝ハンス・リームは1回転投げで60m以上投げた。私の1回転投げのベストは53mなのでその差は7mもある。このことからも投げる力が必要なのである。技術オンリーでは記録を伸ばすことは決してできない。このため、投げる力をつけることと技術練習は並行して行なっていかなければならない。

競技生活の心構えについて

私は息子の投げの指導をしていく中で、意図的にアドバイスをせず見守ることが多くあった（息子があるレベルに達してからのことだが）。明らかに問題のある動きのときも、何も言わないことがあった。私に言われなくても、息子自らがそれに気づいて修正してくることが多くあったからだ。

このように、選手自らが創意工夫の中から、向上をしていくことが必要である。だが技術面では、効率の悪い動きが長く続いた場合は、アドバイスをして、論議する。それは技に限ったことではない。心・技・体・調のすべてをチェックして、問題点があったならば普段の練習時にテストしておく。練習も勉学と同じように、予習→実践→復習をしなければならない。

さて多くの選手が目標とするオリンピック出場であるが、専門種目を始めて10年以内に達成する者が多い。私は1961年に高校1年でハンマー投げを始めて、1972年のミュンヘン・オリンピックまで12年かかった。また一度オリンピックに出場すると、二度、三度、さらには四度と続けて出場する者もいる。オリンピアンとなる者は、それぞれの種目に向いた才能と努力があったから、なれるのだと思う。

選手の多くは、体力が衰えたり成績が落ちてくると、競技を終えることを考え始める。もちろんその他にも多くの競技を終わらせる原因があって、選手生活に終止符を打つことになるのであろう。リタイヤの平均年齢であるが、陸上競技の場合は、国際レベルの選手で30歳前後であろうか。もちろん個人差もあり、また競技種目によって早くなったり遅くなったりすることもある。

努力を重ね成果をあげた競技者に対しては、敬意を表するものであるが、目を向けるべきは、実はその後のことである。長く競技生活を続けていた者が、30歳で現役を終えて異業種に就いたとき、新しい生活は多くの場合、選手生活とはかけ離れたものである。30歳を過ぎて、異業種で新たな挑戦をする。そのハンディは非常に大きい。長い人生の中で競技を行なっている期間は、わずか10%から長くて20%である。競技を終えてからの人生のほうがはるかに長い。競技をしているときは活力に満ちた、良い競技生活を送ったであろうが、実はその後の人生のほうがさらに重要なのである。

このため競技を終えたとき、優秀な選手ほど、過去の栄光や実績を心の奥にしまっておくことを勧める。なぜならば今までとは異なる人生を送ることとなり、競技で考えるならば、初級者と同じスタートを切らなければならないからである。

私は『平家物語』の冒頭の「祇園精舎」に心を打たれる。これをすべての選手に贈りたい。

祇園精舎の鐘の声、諸行無常の響きあり。
沙羅双樹の花の色、盛者必衰の理をあらわす。
おごれる人も久しからず、ただ春の夜の夢のごとし。

猛き者もついには滅びぬ、ひとえに風の前の塵に同じ。

まさしく競技スポーツ選手の無常を示している。

指導者のあり方とは

まずは私の指導歴を紹介しよう。大学3年生のころから私は、後輩にウェイトトレーニングや投擲種目の投げのアドバイスを行なっていた。これが指導者としてのスタートのような気がする。

ウェイトトレーニングは、私と共に行なう後輩が何人かいた。私が社会人となったころであろうか。スクワット系やスナッチ、クリーン、デッドリフトなどの引き挙げ系の基本姿勢は特に重視して指導した。特に腕に力が入りそうなデッドリフトなども、手首、肘、肩を脱力させて行なわせる。また、肩や腕の各部位を脱力させることにより、体幹が働き始めることも説明する。

スクワット系はフルであってもハーフであっても、基本姿勢を覚えさせるためにフロントスクワットから行なわせる。基本姿勢を十分理解させた後に、ノーマルなスクワットを行なう。

選手に応じたアドバイスを行なう

僧帽筋にシャフトを乗せ、両膝に上体とバーベルの重さをかけながらゆっくり下ろしていき、フルであれば背筋を伸ばし、多少前傾しながら深くしゃがむ。そして最下点から両膝を伸ばしていくようにしてバーベルを挙げていく。このような方法で後輩たちに指導した。

基本姿勢がわかるまで、重いものは使わせない。軽いもので徹底して形を覚えさせる。これはアイソトニック（等張性収縮運動）ではあるものの、アイソメトリック（等尺性収縮運動）に近い。簡単に言うと、ゆっくりした動きで行なう。実はこの動きづくり、20kgのシャフト1本でもよいのかもしれない。この基本動作をしっかり身につけたほうが、後になってから伸びていく。息子の高校時代のウエイトトレーニングがまさにそうで、軽いもので形を重視して行なわせた。

また自らの練習のため、海外遠征に行くと、ハンマー投げだけではなく砲丸投げ、円盤投げ、やり投げなど、優秀な選手の投げも８㎜カメラに収めた。日本に持ち帰って、動きの研究をするためである。

そして試合時には、投げと投げの間に選手が、投げのポイントとなるドリルを行なうことがある。特に世界のトップクラスの投擲選手のドリルは、見逃さなかった。大事な投げのポイントとなる動作を行なっていることが、よくあったからである。

現在なら簡単にスマートフォンで動画は撮れるが、当時はそうではない。８㎜カメラで撮る間もないときは、目に焼きつけておかなければならない。だが私はこれにより、鋭い観察力を身につけることができたと思っている。世界のトップクラスの選手のドリルを観察したことは、後の指導にも役立った。

創意工夫について

私は学校を卒業して社会人となっても、日大の陸上競技場を使わせてもらっていた。だがそれから４～５年経ち、大昭和製紙本社勤務となり、沼津市で練習することとなる。そこで大昭和製紙の砲丸投げ、円盤投げ、やり投げの選手たちの指導も行なった。その中には前述した円盤投げの川崎も、また長距離の泉田もいた。

さらに1980年、私が35歳になる年に中京大学に赴任してからは、指導者がいかに大変であるか身をもって感じた。実技とゼミナールの授業など週10コマ以上を持ち、学部の会議や陸上競技部の会議もある。時間のない中、多くは授業の合間に自らの練習を行なった。足りないときは、陸上部の学生と共に練習をした。それは私自身がハンマー投げの記録更新をめざしていたからである。

学生の練習も、プランを立て投擲全種目を見ていく。冬期は、全員5時から早朝練習を行なわせたときもあった。もちろん私も立ち会った。さらに子どもたちの保育園や幼稚園の送り迎え、そして買い物や雑用は車の運転ができる私が行なった。

苦行であった。今考えると、よくこのようなことができたと思う。こうした背景の中、私自身の指導者像もできてくる。当たり前のことかもしれないが、コーチングはどうしたら選手たちを強くできるか、ということを考えて行なう。選手の多くは、投擲種目で強くなるために大学に入ってくる。だが投擲選手は多いときで男女30名、少ないときでも20名。全員をしっかり見ることはできない。

そこでゼミナールの授業で、上級生に心・技・体・調のノウハウを教え込み、年間のトレーニングスケジュールも作成させる。これは選手自らが、何のために練習しているのかを知るためでもある。さらに試合時に撮った投擲動作を、研究室で自由に見ることができるようにした。自らの投擲動作を分析し、自らの問題点を見つけ、それを改良していくことにつながるからである。

それでも、自主的に物事を考え実践していくことのできない者が多かった。それは指導者や先輩たちに頼る、言ってみれば人任せ的な考えの者が多かったからだと思う。このような選手は、指導者や先輩たちの上を行くことはできない。ニュートンのリンゴの木ではないが、「どうしてリンゴが木から落ちるのか」という疑問が湧いてこない限り、進歩はないのである。

コーチと選手の関係について

私が中京大学に在籍していた30年の間には、息子や娘も、学部生、院生となった。時には私の授業を受けることもあった。そして競技もみんなと一緒に行なっていた。私は、ふたりにほかの投擲選手と同じ行動をとらせて、隔てるようなことはしなかった。

その後、息子も娘もオリンピックや世界選手権に出場する選手になる。息子はオリンピックで金・銅のメダルを、世界選手権では金・銀・銅のメダルを獲得した。このレベルの選手になるとコーチングは楽になる。なぜかと言うと、技術面やトレーニングの方法にも大きな問題点がなくなるからである。それと同時に、本人自らがつくりあげていけるようになるからだ。

このため息子には、オリンピックや世界選手権でアドバイスをすることはほとんどなかった。だが普段の練習時の投げで問題のある動きがあれば、アドバイスをすることもある。しかしそれが本人の考えと異なるようなときには、険悪な空気になることもあった。それでも本人の将来の伸びのためには、言うべきときに言わなければならない。難しいのは大きな試合の前である。少々の問題点には目をつぶる。それは本人に修正能力があるからだ。娘にも同様のことをした。

また息子のレベルになると、マスコミが過剰に関心を持つようになる。それも自己記録更新を視野に入れたものだ。いくら優れた選手でも、いつも自己記録の更新はできない。さらに選手自身がマスコミの暗示にかかり、「自己記録を絶えず更新しなければ」と思うようになる。マスコミの期待は一般の多くの人の期待ともなり、それを選手が実現しようとする。選手がそのような精神状態になるのは、大変危険である。このため私は、絶えずマスコミや関係者に煙幕を張り続けた。たとえば82m以上投げられそうなときにも、「80m投げることも難しい」と答えた。本人のパフォーマンスに上・中・下とあったならば、中と下の中間あたりを伝える。だが本人の心と、私の心の中は違う。コーチである私は、練習での投げの感触から判断し、選手である息子はそれより上を狙う。このため私の発言をマスコミも理解してくれるようになり、試合後も相応な評価をしてくれた。これも選手寿命を長くする方法である。このため選手、コーチ共に、選手の真のパフォーマンスを絶えず知っておく必要がある。

ここまで私の指導方法を述べてきた。この指導方法は私の選手時代の経験、そして指導者としての経験、さらに投擲全般のトップクラスの選手の技術とトレーニングの研究などから、成り立っている。もちろん、国内外のほかの投擲指導者の指導方法とは異なるかもしれない。当然、陸上競技全種目の指導者の指導方法とも異なる。また陸上競技以外の個人競技と団体競技でも異なり、技術性の高い種目とそうでない種目においても異なる。

さらに日本でのスポーツ指導の多くは、中学、高校、大学、社会人と指導者が変わる。また指導者が未経験の種目の指導をする場合もある。仮に指導者が、指導するその種目の経験者であっても、人により指導レベルは異なる。また小学生、中学生、高校生、大学生でも指導方法は異なる。

このような理由で、指導者のあるべき姿について考えることは難しいわけだが、大局からこのことを考えていきたい。心・技・体・調の要素からこのことを考えていきたい。まず心であるが、指導者は選手に対して社会性を持たせることに重きを置いて育成してもらいたい。それは礼儀作法やルールを守るなど、いわばスポーツマンシップを身につけることである。いくら強くなっても、おごりや高ぶりがあっては、世間に相手にされなくなる。また指導する以上、指導者自身も自らを律していかなければならない。そして同時に、指導者が選手に対して、包容力、洞察力を持って接することが必要であろう。指導者の慢心から、選手を従わせようと抑えつけ、罵声を浴びせ、エスカレートして暴力的行為などに発展して、報道される例もある。指導者は選手の向上のためのサポートをするわけで、自らが前面に出てこようとしてはならないと思う。自らの子どもを育てる気持ちをもって、接してもらいたいものだ。

続いて、技(技術)と体(トレーニング)であるが、指導者は選手の動作の観察を怠らず、選手のパフォーマンスを高めるための研究と実践を継続してもらいたい。

調(調整・コンディショニング)は、選手の疲労度が絶えず影響してくる。疲れやすさは、選手によって個人差もある。また選手によって、疲労度は日々変化する。選手の疲労度は、指導者にはわからないことが多い。その中で練習計画を立てて行なうが、疲労困憊を避けて、調子が上向くような調整も必要となる。

このように心・技・体・調すべてをパーフェクトにこなす指導者は、いないかもしれない。だからこそパーフェクトに向けて、努力していくべきであろう。いずれにせよ、選手の向上を自らの喜びとして、選手の低迷を自らの悩みとして受け止められる指導者であってほしい。その心を持ち続けていくならば、選手のみならず、指導者としての成長もあると私は信ずる。

日本の部活動への提言

日本では長らく学校の教員が部活動の指導をしてきたが、その負担が大き過ぎる。片手間では指導に集中できないし、監督不行き届きによる事故も起こりやすい。２０２２年からは、息子の広治が長官を務めるスポーツ庁の提言で、公立中学校に関しては地域のスポーツクラブへの部活動の移行が始まっている。日本もヨーロッパのようにクラブ制度にすればよいのでは、という話は息子ともしていて、息子もその方向で考えている。ヨーロッパではスポーツのできるグラウンドを持っている学校はほとんどなくて、学生たちはスポーツクラブで運動をしている。

昔のソ連や東ドイツのスポーツクラブは、大きいところは陸上競技場とプールがあり、サッカー場が何面もあり、さらに室内では体操競技、レスリング、重量挙げなども行なっていた。すべてがオリンピック種目で、大人のオリンピック選手と同じクラブに所属する形で、子どもたちも練習していた。

またイギリスにはラフバラー大学という大きな体育大学があり、一般市民もその施設を利用することができる。陸上競技場もあればサッカーのグラウンドもあり、ハンマー投げの練習場も離れたところに別個にある。簡単な屋根がついていて雨が降っても練習ができるので、息子もロンドン・オリンピックのときに拠点にしていた。

ヨーロッパには、スポーツクラブやクラブチームといった形で、社会の中にスポーツのための場が存在している。クラブにはオリンピック選手も所属しているから、そこに通う子どもや一般市民も、一流選手の存在を身近に感じることができる。

現在では日本にもフィットネスクラブがあるが、できればお金をかけずに身体を動かしたい。私としては、国が面倒を見る形でクラブ制度を導入していくのがよいと思う。スポーツは健康と関係しているから、国としてもスポーツにお金をかけることで、医療費の増大も抑えられるはずだ。また人材活用の面から、定年を迎えた指導者に給料を支払って、クラブの指導者になってもらうのもよいと思う。

日本でもサッカーのクラブチームなどは社会に根づきつつあるが、国としてクラブ制度を取り入れることで、競技者全般の底上げにもつながるのではないだろうか。

第5章
いかに生き、つないでいくか

日本大学陸上競技場で選手に指導する著者

人生の節目を振り返る

アメリカの心理学者エリク・H・エリクソン（1902～1994）のライフサイクル論を、知っている方も多いかと思う。このライフサイクルは、乳児期（0～1歳半）、幼児期前期（1歳半～3歳）、幼児期後期（3～6歳）、学童期（6～13歳）、青年期（13～22歳）、成人期（22～40歳）、壮年期（40～65歳）、老年期（65歳～）の8つのステージに分けられている。

その一方でアメリカの教育学者ロバート・J・ハヴィガースト（1900～1991）は、一生のサイクルを、幼児期、児童期、青年期、壮年初期、中年期、老年期の6つに分けている。どちらの理論でも、それぞれの発達段階に対する発達課題を挙げて、それに対応する方法を記している。だが人生の節目においての考え方、そして生き方については、人それぞれに異なるところが多いだろう。

ここからは私のライフサイクルについて、私が人生の節目に何を思い、どのような行動をとったかを記してみる。

乳児期、幼児期前期までの記憶は、断片的にしかない。それは両親に育てられ、受動的立場にあったため、自らは何もできなかったからであろう。そのころの私は、父と母のうち、どちらかというと、母のほうを必要としていたのかもしれない。それは長く私に接してくれたのが、母であったからである。また母は長男を3歳のときに病気で亡くしている。そのため私や弟の子育てには慎重だったような気がする。幼児期前期までの私にできたことといえば、「お腹がすいた」「気分が悪い」「眠い」「遊びたい」などの意思表示をした程度であろうか。

はっきりした記憶としての、人生最初の節目は、小学生になったばかりのころである。自ら考え行動することが増えた。音楽の授業、国語の授業、そして給食のことは断片的に記憶している。またラジオ（1952年ごろはテレビのない時代）も聴くようになる。このころの『君の名は』というラジオドラマは覚えている。また落語もよく聴いた。ラジオは、聴いたものをイメージするため、想像力を豊かにしてくれたと思う。父に連れられて『三太と千代ノ山』という映画を見にいき、横綱千代の山のファンになったことも覚えている。それがきっかけで、中学3年生のときに相撲取りになろうと思った。

小学生の高学年になっても、友人や近所の仲間たちとはよく遊んだ。だが気管が弱かったためか、月に一度か二度は熱を出して学校を休んだ。それが気持ちを暗くする部分でもあった。また父や母のことで、不安に思うことが起こる。私が生まれる前のことであるが、父は戦争に行き、敵兵が投げた手りゅう弾の近くにいたため、左上腕部にその破片を受けていた。軍医からは「腕を切断する」と言われたようだ。だが「なんとしても切断だけはしないでくれ」と言って、免れたという。その傷はうじが湧くほどひどかったと聞く。肉をえぐられたような状態で傷跡が残った。だが幸いなことに、父の腕は普通に使えていた。

　戦前から戦時中に、父が母と結婚していたかどうかは、定かではない。父は傷痍軍人となり、その後の兵役は免れた。その後、母と大陸に渡り、製鉄関連の仕事に就いた。そこで長男が生まれ、そして１９４５年の10月２日に私も生まれる。その後敗戦のため、12月の暮れに、家族で静岡県函南町の平井に引き揚げた。だがその後も戦後の混乱の中、両親は大変苦労をしたと思う。

　このようなことから、父の身体は少しずつ悪くなっていったと思われる。私が中学生になったころから、その症状が現れ始める。血圧が２００以上となり、時には２３０を超えることもあった。そのときは仕事を休んで、寝込んでしまう。父は雑穀の卸売りをしていて、特に豆腐屋さんが得意先であった。一袋で10kgあっただろうか、大豆を擂ったものが入っている。それを小型トラックにいっぱい積んで、主に静岡県東部の豆腐屋さんを回っていた。

　父は仕事中にも気分が悪くなることがあり、そのときには車を停めて、しばらく休むこともあったようだ。私も土曜日や日曜日には父の仕事を手伝った。そのころの私は、父が死んでしまうのではないかといつも気にしていた。そうなれば私は、すぐにでも働きに出る覚悟はできていた。さらに追い打ちをかけるように、母ががんになる。手術をした。叔母が何日間か来てくれた。私は「両親とも失うかもしれない」と思うようになった。がんは早期発見することができて、手術後は順調に回復した。少し安心したが、腸の癒着で薬を飲まなければ便を排出できなくなった。「長生きはできない」と母はよく言っていて、私もそう思っていた。だがその母も94歳近くまで生きてくれた。

父は常に危ない状態にあったが、病院にも通うようになり、仕事も60歳近くまで続けて、66歳のとき、苦しまずに亡くなった。今考えると、私が陸上競技を始め、オリンピックに出るようになり、また孫たちが生まれたことが、生きがいになったのではないかと思う。それは母についても同じである。

中学生のころ、本当に怖いと思ったことがある。それは1958年9月26日の、狩野川(かのがわ)台風である。この台風は、風と雨が凄(すご)かった。夜であったため余計怖さを感じた。まず風が強まってきた。そして家が壊れるかと思うような、ドーンという大きな音もした。さらに2階の雨戸がしなって、今にも飛ばされそうなほどの強い風となった。私は雨戸の中央を必死で押さえた。父も母もほかの雨戸を押さえていた。夜中になり、半鐘が鳴る。川が氾濫したようだ。翌朝、風雨は収まった。天井を見ると風圧で10㎝程度上がっていた。強い風が雨戸の隙間から吹き込んできたためだろう。さらに外を見ると、どこかの家の物置が飛んできていた。また近所の長屋の屋根がなくなっていた。

そして風雨は収まったものの、そのうち水かさが増して床上浸水。1階の畳を階段の中段まであげる。食料その他も2階にあげる。外を見ると、小舟が通っている。水は汚い。当時はトイレも汲み取り式がほとんどで、ほかの汚物と混じって嫌な臭いがする。その中を蛇も泳いでいた。水が引き始めたのは昼過ぎ。だが夜中の狩野川は大変なことになっていたようだ。上流では家財や家を流された人もいたということである。懐中電灯を振って、助けを求めていた人もいたようだ。消防団員や青年団の人がロープを投げて、助かった人もいたが、多くの人は流されてしまった。

またその翌年の1959年9月26日には、伊勢湾台風が猛威を振るった。狩野川台風より被害は少なかったが、風、雨は凄く、床上浸水も起きた。このふたつの台風により、私は雨戸が風でガタガタすると、恐怖を覚えるようになった。その後何年かして、狩野川の中流に放水路が造られて、氾濫は収まった。

さて私の記憶で、第2の節目は中学生のときである。この時期の両親の病は、養われている私にとってダメージを与える深刻なものであった。またファミリーという単位がいかに大事であるかも知った。そしてこのころからであろうか、常に最悪の状態を覚悟して、生きていかなければならないと思うようになった。

しかしそんな思いとは裏腹に、ラジオから流れるアメリカの歌や音楽は、私の気持ちを明るくした。それは日本の童謡や歌謡曲とは異なるものであった。ハンク・ウィリアムズ、コニー・フランシス、ニール・セダカ、ポール・アンカ、プラターズ、エルヴィス・プレスリーなどの歌は、私に元気を与えてくれた。またそのころはテレビのない時代であったため、映画で見るアメリカのプール付きの豪華な住居にも感動した。本当にこのようなところに住んでみたいとも思った。実現できないことはわかっていたが、密航も考えた。このころは身体的成長や性機能の発達などが、私の考えに大きく影響していたのかもしれない。

陸上競技で人生が変わった

私の人生の、第3の節目がやってきた。私は高校生となり、本格的に陸上競技を始めることになった。陸上競技は、それまでの生活とまったく異なる世界であった。レールの上を走る乗り物のように単純明快、勝つか負けるか、そして記録を伸ばすか伸ばせないかの世界。負けが続き、記録の伸びが完全に止まれば、そこで終わりである。私も、はじめは高校で終わるかと思ったが、長く続いた。日本記録を何度も更新し、オリンピックも4回代表になる。さらにアジア大会で5連覇したのは、41歳の誕生日の2日前。選手生活はそこまで続いて、その後は指導者となった。

ハンマー投げの指導は今も続けている。この間に人生の第4の節目があった。それは子どもたちの誕生である。子どもたちの誕生により、それまでとは異なる世界を生きていくように感じた。この子どもたちを大切に育てよう。私のバトンパスをしていくのは、この子どもたちだから。この「大切に育てる」とは、子どもたち自らが正しい方向に生きていけるようにすることである。子が一人前になるまでは親の責任。このように考えるのは、親が安心感を得るためであろうか。今では子どもたちも、立派に成長した。

第5の人生の節目は、65歳で退職したことであろうか。62歳のころからヘルニアで悩み、脊柱管狭窄症（きょうさくしょう）で脚がしびれて、一時歩行困難となった。さらに持病となっていた心房細動（不整脈の一種）が悪化し、カテーテルで患部を焼くアブレーションの手術もした。実技の授業も、学生に断って椅子に座って行なった。ヘルニアは1年半で治まった。しかし早期退職をする気持ちに変わりはなく、66歳になる年に退職した。その後、2年ほど大学で非常勤講師として勤めたが、気持ちは大変楽になった。

また子どもたちが東京に住むようになり、子どもたちに説得され、2015年から東京に住み始めた。母校・日本大学の陸上競技場に行き、投擲選手の指導も始めた。今は身体の衰えを感じるようになり、ハンマー投げ選手だけの指導をしている。

このように私は、人生で5つの節目を迎えて、それぞれに対応してきた。それが最善であったのかどうかはわからない。だが陸上競技を始めた第3の節目からは、最善の方法を考えて実践した。ほかに生きる道もあったのかもしれないが、二兎(にと)を追うことはしなかった。もちろん、辛抱しなくてはいけないことばかりであったが、今振り返ってみると、良い人生を送ってきたと思う。

高齢者こそ「活力」を

WHO(世界保健機関)は、高齢者を65歳以上と定めている。そして2023年の厚生労働省の資料によると、日本人女性の平均寿命は87・09歳で世界1位、男性は81・05歳の世界4位である。また日本人の平均寿命は84・3歳で、世界1位であった。ここで健康寿命に注目してみたい。健康寿命とは、日常生活が制限されることなく生活できる期間のことをいうようだ。

厚生労働省の2019年の資料によると、女性75・38歳、男性72・68歳である。この健康寿命こそ、高齢者の目標にすべきものではないだろうか。そしてこの健康寿命を、さらに伸ばしていけるようにしたいものだ。

現在、私の年齢は79歳である。日本人の健康寿命を超え、ここまで健康に生きてこられたのはラッキーというべきか。しかし過去には、健康寿命を縮めるようなことも何度も起こった。前述したように、62歳のとき、巨大ヘルニアと脊柱管狭窄症を患って、一時は歩行困難な状態になった。ヘルニアは運良く手術することなく、1年半で完治した。だが脊柱管狭窄症は今も続いている。その少し前の50代の終わりには五十肩になり、あまりにも痛くて夜も眠れない日が続いた。もちろん、ゴルフをやるどころではない。完治するまで1年かかった。

不整脈が始まったのは55歳のころ。それが少しずつ悪化して、心房細動となった。この心房細動、私の場合は1分間アットランダムに120程度の脈を打つ。このときの気分は、健康体のときと違って、暗く不安になる。それを薬や注射で止める。それでも止まらなくなり、前述のように、67～68歳のとき、アブレーションの手術をした。心房細動は、放置すると心房内に血栓ができて、それが脳に飛んで脳梗塞を起こすこともあるので怖い。東京に来て、心房細動がまた起こるようになったので、二度目のアブレーション手術を行なった。その後は期外収縮

（心房細動とは異なる不整脈の一種）がたまに起こるが、これは薬で治る。医学の進歩と専門医の治療のおかげで、健康寿命を長くすることができた。

最近膝を痛めて半年ゴルフができないこともあったが、今は復活している。前述のように囲碁も再開した。囲碁とゴルフ、心と体に刺激を与える趣味ができてよかったと思う。ゴルフはできることなら、85歳までは続けたい。

60代のとき、友人の勧めで脳神経外科を受診し、脳の検診をしてもらったことがある。母の脳の検診のとき、私も診てもらったわけだが、ＭＲＩで調べてもらい、母も私も特に問題はなかった。母は90歳近くであったが、脳年齢は30歳も若く、60歳と診断された。ちなみに私は65歳くらいだったが、脳年齢は20歳若く、45歳であった。そのころの母はもの忘れが多くなっていたものの、検査の結果、認知症ではなかった。

その母の90歳のときのエピソードである。私が言ったのか子どもたちが言ったのか、「おばあちゃん、腕立て伏せできる？」と言ったら、それまで一度もやったのを見たことがなかったのに、なんと10回もやった。だが母はその後、腸閉塞になり、入院して手術を受ける。手術は無事終わったが、しばらくして院内で転倒し、大腿骨を骨折する。その後、リハビリを引き受けてくれた知り合いの外科病院に長期入院する。そして少し歩けるようになったが、医師の勧めで家の近くの老人ホームに入ることになった。個室で、小さな庭もあり、環境はよかった。私も子どもたちも入れ替わり立ち替わり、毎日のように見舞いにいった。ホームは至れり尽くせりで、母の介護のすべてをやってくれた。母は楽だったと思うが、楽をした代わりにまったく歩くことができなくなった。そして94歳少し前で亡くなる。ホームに来る医師からは、母は若いときに結核を患ったため、肺のほとんどが機能しておらず、余命1年と言われていた。だが母は、それより1年半長く生きてくれた。

高齢者の生き方は、一言でいうと前述した「活力を持って生きる」ことが大切であると思う。活力は想像や行動を生み出す力であり、それを生み出すものなら何をやってもいいと思う。具体的に活力を得られるものには、趣味や旅行、ボランティア活動、仕事などがある。また子どもや孫の成長を見ることでも、他人に勇気や喜び、そして幸せを与えたりすることでも、活力は得られる。このように私も含め、高齢者が活力を持って元気に過ごしていることが、子や孫を安心させることにつながるのではないだろうか。

選手とつくりあげる投擲

2024年6月1日、私は台北に飛んだ。同地で行なわれる2024年台湾陸上競技オープ

選手の指導は常にクリエイティブなものであるという著者

ンを観戦するためである。ハンマー投げの部には、現在私が指導している福田翔太（住友電工）と柏村亮太（ヤマダホールディングス）が出場。そしてカナダからは2023年の世界選手権で優勝したイーサン・カッツバーグ（その後2024年オリンピックでも優勝）が出場した。私はこのカッツバーグの投擲を見ておきたかったのである。

カッツバーグは22歳。2024年4月にケニアで行なわれた世界陸連コンチネンタルツアーで、84m38cmを投げ、世界歴代9位を記録した。これは世界歴代4位である息子・広治の記録84m86cmまで、48cmと迫る大投擲である。カッツバーグは天才的な選手で、感覚が良く、体力があり、身長も2m近くあって大きい。そして機敏に動く。ほとんど問題のない選手で、実際に見ても、素晴らしい投擲をしていた。私の位置からだと、ネットの真ん中に支えの柱が立っていたので、それが目印となり、動きもよく分析することができた。カッツバーグにはもともと、「良い投げの感覚」が備わっているように思う。リトビノフやセディフもそれぞれタイプは違うが、最初からうまい選手だった。そういった選手の投擲を見ると、やはり感動する。

台湾オープンでは、カッツバーグが80m04㎝で優勝。柏村は2024年のシーズンベストとなる72m57㎝を投げて2位、福田は71m67㎝で3位だった。柏村は32歳。普段は地元の鳥取県で練習しており、時折上京して私の指導を受けている。この大会の1投目は、66m台だった。私からのアドバイスを受け、2投目以降、それまで見せたことのないような動きでシーズンベストを投げる。この投擲である程度、彼は動きをつかんだと思う。

福田は試合前の練習投擲で、2本とも角度内にせり出した補助用ネットにぶつけてしまう。私はアドバイスを送り続けたが、試合の1投目でまたネットにぶつけてしまいファウル。この大会はダメかと思ったが、2投目はネットにぶつけることなく70mを少し超える。その後71m67㎝まで記録を伸ばすが、問題を残す投擲となってしまった。

帰国して、福田の練習を見る。私は両サイドラインの真ん中に目印を置き、そこより少し右にハンマーを落とすよう彼に指示した。ファウルをしないための練習。1971年の和歌山国体で私が3回連続ファウルをした翌日、当時の日大グラウンドで行なった練習のアレンジである（P52「ハプニング」参照）。かつての私と同じように、この練習を1週間続けることで、福田はファウルをしない、思い切った投げができるようになり、なおかつ自分の思うようなところに、ハンマーを落下させることもつかみかけてきた。そして回転時と投射時の左半身に、「ブロック（壁）」ができていることに気づいたのである。

「ブロック」の感覚がわかるようになれば、絶対にファウルをしなくなるし、力の感覚が集中して、ハンマーヘッドの加速が非常に楽になる。息子も、ブロックをうまく利用できるようになってから、投擲にグンと勢いがつくようになった。カッツバーグももちろん、「ブロック」を使って投げている。彼がブロックの練習を、意識的にしているのかどうかはわからないが、福田にとってこの練習は、カッツバーグとの間にある大きな差を埋めるために、必要不可欠な練習となる。

福田は、2023年、22歳で出場した日本インカレで72m01㎝の大会新記録で優勝し、その後アジア大会に出場。ここにきてオリンピック出場の可能性も少しだが見えてきた。照準は、2028年のロサンゼルス・オリンピックに定めている。今は力をつける時期だ。オリンピックは、ただ参加すればよいというものではなく、そこで勝負するにはかなりの力が求められる。息子も大学4年で74ｍ近くを投げていたが、その年のアトランタ五輪は出場できなかった。そしてその後、75ｍ、78ｍ、79ｍとぐんぐん飛距離を伸ばし、80ｍを超える力をつけていったのである。

私の中には、競技者としての私自身の経験、指導者として息子や教え子たちを見てきた経験、リトビノフなど世界の一流選手の動きを研究してきた経験が、無数の「回路」として蓄積されている。そしてその回路から次々とアイディアが生まれてくる。その私から見て、福田にはいずれ世界で戦える可能性を感じる。だから今は焦ることはない。そして技術はすぐに身につくものでもない。「壁」にしても、はじめは「なんとなくわかる」感覚を身につけることだ。おおよそでよい。その「おおよその感覚」をブロック以外の技術でもたくさん身につけていく。自分の回路を増やしていく。「おおよその感覚」も集積すれば、素晴らしい回路になる。

私が今見ている日大陸上部のハンマー投げの学生は10名。中には50ｍ飛ばない者もいるが、一生懸命やっている。私もその者の感覚に入って指導している。優秀な選手を育てることがすべてではない。自分の感覚を伝え、自分の経験を生かすことで、選手の記録が伸びていくことに喜びを感じる。

今の私にとってハンマー投げの指導とは、選手を介してのものづくりである。投げているのは選手であるが、私自身がものをつくる感覚で、選手の感覚に入り込み、共に投擲をつくりあげていく。体力、体型、センスのある選手には、私の記録75m96㎝を早く破ってほしい。私を超えなければ、80mが見えてこないからだ。これは息子のときと同じである。かつて記者に聞かれたことがある。「広治さんがお父さんの記録を破ったとき、やはり残念な気持ちもあったでしょう?」と。私は、その気持ちはまったくないと答えた。むしろ息子は、私の元から二段ロケットのように飛んで、崇高なところまでいった。

この半世紀、「より遠くに飛ばす」ということをずっと考えながら、私はハンマーを投げてきた。今の私が高まりを感じるのは、選手と共に良い投擲を生み出したときだ。いまだに出てくる、選手を飛躍させるアイディア。これが出る以上、これからも現場で試行錯誤を繰り返し、やっていきたい。

おわりに　無から有へ、有から無へ

私は、２０２５年10月2日で80歳となる。自分がこれまで生きてきた記録を残そうと思い、本書を書き始めた。普段本を読まない私であるが、書き始めると面白くなってきた。原稿はパソコンで書いている。原稿用紙を使って書くより、はるかに便利である。もしパソコンがなかったら面倒くさがって、本を書く気も起きなかったかもしれない。

今も週4日はハンマー投げの指導をしている私であるが、本書は遺言のつもりで書いた。家族に向けてではない。スポーツ選手や指導者、子育て中の父兄の方々が読んで、何か感ずるところがあれば幸いである。

さて最後に、存在の根源について考えてみたい。「無から有へ、有から無へ」。まずは無から有の究極の始まりは？　コペルニクス、ニュートン、アインシュタインをはじめ、多くの天文学者や物理学者が長い年月をかけて、宇宙の始まりを考えてきた。そして彼らの考えを土台としたガモフのビッグバン理論が、宇宙の始まりであるとの有力な説となった。その後発見された事実を加えて、現在ではこのビッグバン理論が定着している。

ビッグバン理論によると、今から138億年前、真空に原子より小さなものが生まれた。それが3分の間に、光の速さ以上の速度で膨張して、1兆度を超える高温の火の玉となった。これがビッグバンである。このとき、原初のエネルギーが、エネルギー物質と熱のエネルギーとなって、物質と光が誕生する。素粒子が生まれたのである。この粒子は必ず「粒子と反粒子」が対になって生まれてくるようだ。しかしこのとき粒子と反粒子は互いに衝突を起こして、光となって消えてしまった（対消滅）。だがひとつの粒子が偶然残って、粒子、ガス、星や銀河という物質を形成していった。

ちなみに人も細胞からなり、細胞は分子から、分子は原子（原子核と電子からできている）から、原子は最小の物質である素粒子からなっている。このため我々人間も、その他の生物や植物も、素粒子からできているということになる。

素粒子の中にはニュートリノ（原子も通り抜ける）やヒッグス粒子（物体を存続させ、これがなければ人体もバラバラになる）などもある。素粒子からできたガス、星、銀河といった物質は、宇宙全体のたった5％（粒子0・1％、ガス4・4％、星と銀河0・4％）しかない。その他は、未確認の暗黒物質であるダークマター（観測できないが宇宙に偏在するとされている）が27％。未確認の暗黒エネルギーであるダークエネルギー（見えない力で宇宙に浸透し、宇宙の膨張を後押ししているとされるもの）が68％で構成されているようだ。

また天の川銀河の形成が始まったのが130億年前、太陽の誕生が46億年前、地球は45億年前に誕生した。そして地球で初めての生命の誕生は、35億年前とされている。恐竜は三畳紀の中ごろである2億3000年前に誕生し、ジュラ紀を経て白亜紀の末期となる6600万年前に大量絶滅した。

そしてネアンデルタール人は40万年前（50万年以上前という説もある）に誕生、ホモ・サピエンスはネアンデルタール人のすぐ後の30万年前に誕生し現代に至る。我々もこの壮大なスケールの刹那を生きている。このことからも、無から有が生まれて、その連続の果てに我々が現在に生きていることが、いかに稀有なことであるかと私は感じる。

もちろん、ヒトは完全に無として生まれてくるのではない。両親の遺伝子を持って生まれてくる。だが人は生まれてすぐの記憶はない。みなさんはどうであろうか。1945年生まれの私の記憶を辿ってみる。私の記憶の原点は、故郷である静岡県函南町平井であった。

鶏小屋がありヤギもいた。すぐ近くの家には、牛舎があって牛もいた。お寺の和尚さんと父が碁を打っている間、私は寺の中で遊んでいた。場面は変わり、我が家の外で、母と本家の伯母と一緒にいたとき、パンという音がしてスズメが空から落ちてきた。誰かが空気銃で撃ったのであろう。そのスズメを母と伯母がフライパンで焼き、私も少し食べた。また野良仕事のときにでも捕れたのであろうか、大量のドジョウがバケツに一杯入っていた。外で大きな釜に味噌を入れて、煮たてた汁の中にそのドジョウを全部入れた。食べたかどうかは覚えていない。誰と行ったかはわからないが、家の近くにあった、現在の熱函道路の箱根の登り口で、雨上がりに荷馬車が立往生しているのを見た。ぬかるんだ土に車輪がはまって動けない。馬に鞭打つと、前足を上げていなないた。可哀そうだった。あるとき土間の片隅にある、使わない物入れの引き出しを母が開けると、ネズミの子が3匹ぐらい出てきた。とても可愛くて触ろうとしたが、母は「見るだけ」と言った。本家の伯父が静岡県立三島北高校の理科の教師をしていたことも関係しているのだろうか、我が家の庭には多種の木や花が植わっていた。その中でも私は沈丁花の香りが好きで覚えている。そして弟も生まれた。

これらは私が3歳前後の記憶である。戦後間もなくでもあり、生活も大変な時期であったと思われるが、何も知らない私にとっては心地好い場所であった。母の実家にも行った。沼津の千本緑町である。千本の家に行くと蚊帳の中で寝た。機関車の汽笛の音が聞こえる。沼津駅には人力車でなく、自転車で引く力車が止まっていた。履物はほとんど下駄であった。道路のほとんどは舗装されておらず、牛糞（ぎゅうふん）や馬糞も落ちていた。まだまだ思い出そうとすれば、思い出せるかもしれない。

このようなものが、私の五感（目、耳、鼻、舌、皮膚）の中に記憶として残されている。この五感にもうひとつ加えるならば、意識の存在がある。五感の基本的な働きの経験をもとに、進むべき方向を考えていくことが、意識につながっていくと思われる。ただ、最良の方向だけではなく、それとは異なる方向の意識も出てくる。たとえば善か悪か、また個人か公かといった方向である。この記憶やものの考え方、そして意識といったものは、どこから来るのであろうか。

人は脳のあたりで意識を感じていることはわかる。では肉体の器官や組織などでは、どうであろうか。病気などは、この肉体の器官や組織から、痛みや不快感として感じることもある。さらに人の細胞は諸説あるが60兆もあって、そのひとつひとつに意識があることなど、個人の意識ではわからない。もちろん、ひとつの細胞が、人の命をつなぐ役割をしていることは事実である。

これを理解するには、社員が数万人の大きな会社をイメージしていただくとよいかもしれない。その会社の会長は関連会社の社長は知っていても、数万人のうちのひとりの社員は知らない。数万人の社員を、60兆の細胞に置き換えてみると、ひとりの社員がひとつの細胞にあたることが、わかっていただけるであろう。会長は、脳のあたりで感じる個人としての意識である。60兆あるうちのひとつの細胞も、遺伝子レベルで調べれば、意識のもととなるものが潜在していることは、間違いないと思われる。このことからも、たった数%といえども我々の中にネアンデルタール人の遺伝子がある以上、ネアンデルタール人の心の一部が我々にあっても、不思議ではないと私は思う。

さて私の生まれたころから現在までの79年間、世の中のあらゆるものが、目を見張るような大きな変化を遂げた。列車や自動車、そして飛行機などの乗り物は性能が良くなり、多くの人が快適に利用できるようになった。このため旅行やビジネス、あるいは留学などで海外に出ていく機会も増え、また日本へのインバウンドで多くの外国人が訪れるようにもなった。

20年後には、日本は今のアメリカ、イギリス、フランスのように人種のるつぼとなっているかもしれない。世界全体がそのような傾向にある。現に黒人であるバラク・オバマは、アメリカ合衆国第44代大統領になった。さらにイギリスのリシ・スナク前首相はインド系である。

そして現代でもっとも急速に進歩したものが、ＩＴ関連であろう。タイプライターからワードプロセッサー、そしてパソコンへ。特に近年では、携帯電話やスマートフォンなどが、少し前では考えられないような進歩を遂げている。

私などはこの進歩についていくのが精一杯だが、前述の通り、この文章もパソコンを使って書いている。また驚くのは子どもたちである。就学前の年齢で、スマートフォンやタブレットを自在に操っている。

このようにＩＴの進歩に若い世代が適応して、さらにはＡＩの時代が訪れ、人類の技術は更なる進歩へと向かっている。もしかしたらこの先、ほかの惑星に人が住めるようになるかもしれない。そうなると人類は、地球で暮らすよりも、長く生き延びることができるかもしれない。

さて「有から無へ」である。１３８億年前のビッグバン以来、膨張を続ける宇宙であるが、この宇宙もいずれなくなる。それはダークマターやダークエネルギーの衰えから始まると言われていて、この宇宙の終わりは１４００億年後というのが、今のところ定説のようである。宇宙の終わりなどといった、途方もないことを考えても仕方ないことであるが、無から有となった宇宙は、有から無に戻っていくようだ。

壮大な宇宙より身近にある、太陽について考えてみる。太陽があるからこそ、我々は生きていられる。46億年前に誕生した太陽であるが、あと60億年で死に至るとされている。太陽は1億年に1%、明るさを増していくようだ。このため太陽の熱を受けている地球も熱くなり、6億年経つと植物と生物は絶滅すると考えられている。海水も蒸発して、ほかの星と同じように、岩石や砂だけの生命体のいない星となるようだ。20億年後の太陽は、さらに明るくなっている。長く続いてきた核融合反応で、水素も少なくなる。60億年後には水素もなくなって、今の太陽の170倍の大きさの赤色巨星となる。水星や金星は呑み込まれる。

地球は呑み込まれるか、逆に弾(はじ)き飛ばされるようだ。いずれにせよ人間にとっては、生命体のいない地球など考えられない。だが生命体も当然有から無になる。だが今生きている私たちの中で、そのような先のことを憂えている者など皆無であろう。それは誰しもが、今を生き抜いていくことに精一杯であるからだ。宇宙の誕生から地球が生まれ、その刹那の中で、私たちは一生懸命に生きている。無駄に生きてはいけない。私の場合はハンマー投げを介して、記録を伸ばしていくことが、生きていく上での自信となり、活力源となった。みなさんも自らを高めるものを見つけて、活力としていってほしい。

2023年度、日本人の平均寿命は84歳。世界一の長寿国である。そして今から100年先のことは、予測不能である。100年後には今生きている人のほとんどがいなくなり、次世代の人ばかりとなる。人が生まれて成長し、老いて亡くなることも「無から有へ、有から無へ」のサイクルである。また物事も、無から始まり、有をつくり、やがて終わっていく。

私と同時代のハンマー投げの選手であるリトビノフもセディフも、すでにこの世を去った。しかしリトビノフの美しい投擲のイメージは今も私の中にあり、セディフの保持する世界記録の86m74cmは、2024年5月現在も破られていない。今後、新たな記録を打ち立てる者は現れるだろうか。

2025年10月2日に80歳を迎える私は、実はまだ引退宣言をしていない。私自身がリトビノフやセディフの記録を塗り替えることはないとしても、新たな投擲のアイディアは日々生まれている。私の教えを聞く者の中から、選手あるいは指導者として、世界記録を更新する者が出てくることを願う。ハンマー投げを極めようとしている私にとって、終わりはないのだ。

対談

室伏重信 × 室伏広治

指導法は常に進化し、変化し続ける

室伏重信氏の長男であり、アテネ・オリンピック金メダリスト、ハンマー投げの日本記録保持者である室伏広治氏。オリンピックの会場で、世界選手権やアジア大会の会場で。偉大な記録の背後には、広治氏の投擲を見つめる、父・重信氏の透徹した視線があった。

現在はスポーツ科学者として、またスポーツ庁長官として、選手時代に得た知見を、国民体育へと還元している広治氏。常に進化と変化を続けるスポーツの指導法について、重信氏と話していただいた。

スケールの大きいところから考える

広治 このたび自分の父が、「何か自分で残したい」という非常に強い思いがあって、出版社と相談する前から、ひとりで原稿を書き始めた。普通は、自分で書くとどうしても「自伝」で終わってしまうけれど、この本は、次の世代の方々が、それぞれの課題をどう乗り越えていくかの方法論であるとか、生き方の指南とか、また今の時代ではなかなか体験できないような経験談も書いてあります。アスリートだったり芸術家だったり、今、困難を乗り越えて、何かを獲得しようとしている方々にとっては、良い本になるのではないかと思いました。
著者の思いがしっかり伝わっていると思いますし、最後のほうでは、我々が住んでいる地球

以外の話も出てきて、「人類の存在がどのぐらい小さなものか」ということに気づくことで、自分のことを客観視することもできるでしょう。「ネアンデルタール人」にしても、「宇宙の歴史」にしても、スケールの大きいところから物事を考えていくところが、とても親父らしいと思ったし、自分の頭で物事を考えるトレーニング書としても、非常に勉強になる本だと思いました。

重信　ハンマーを投げる上で、私の指導法の根本的なものは変わっていません。指導をしていくことで、選手の動作に変化が生じ上達というか、それぞれの「高み」に向けて変わっていく。いろいろなトレーニングの方法にしても、技術的な面、心理面もそうです。トータルとして、自分の持っているいろいろな能力を高めるために、選手は変わらなければなりません。その変化の動機は、ハンマー投げであれば、「遠くに飛ばすため」という目標に尽きると思います。

そこで私は間違いを起こさないように、絶えずマクロ的なもの、たとえばニュートンの運動の3法則のような、普遍的な法則に合っているかどうかをよく確かめます。そして、そこからミクロ的な投擲の技術に入っていく。自分の選手時代もそうしてきたし、今の指導もそうしています。

これは今回の本で詳しく書きました。しかし私も最初からそのように考えていたわけではありません。選手時代、スランプが何年も続いたときに、それを打破するために、自分でまず考え、それから専門的な書物を読んで、ミクロとマクロをつなげていった。自分の感覚だけを頼りにしていると、個人的な方法論で終わってしまうから、そうならないように心がけました。マクロ的なところからハンマー投げを見ていき、物理の法則をもとに、普遍的な理論のベースを持って、投げるようになっていきました。

広治　スポーツに取り組むにあたり、今、父が言ったところにも通じると思いますが、まずは「物事は自分で考えなければいけない」ということです。これは選手にしても、指導者にしても同じです。

自分の身体をどのようにマネジメントし、どのように動かすか。また、メンタルをどう調整するか。これは「セルフオーガナイゼーション（自己組織化）」につながる概念であり、無限にある身体の動きに対して、この自己組織化能力は、選手として成長するために不可欠です。自らを理解し、自己組織化できなければ、コーチの指導内容を理解することができず、行動に反映することも難しいでしょう。

そういう意味では、たとえばハンマー投げは個人競技ですが、「自分の身体を組織化してどう動かすか、どうマネジメントするか」という点では、チームプレーと同じだと考えられます。また、同様の観点を持てば、人を指導することも可能です。「人々をどう組織していくか」といったビジネスや経営の方法論にもつながっていきます。

現在、スポーツ庁のホームページに掲載されていますが（ライフパフォーマンスについて https://www.mext.go.jp/sports/content/20240709-spt_kensport01-000013744_2.pdf、Sport in Life https://sportinlife.go.jp/lifeperformance/）、自己組織化は「環境と人」との間で考えることができます。たとえば、テニスにおいては、ハードコートやグラスコートなどの外的な環境要因に対して、変化を自分で感じ取り、鍛えてきた身体をどう行動に移すかが問われます。「変化を感じ取る」ことができない人は、今ある環境を正確に捉えられず、事実とは異なる前提で動いてしまい、結果として怪我をすることもあるでしょう。一方、「感じ取る能力」がある人は、周囲に気を配りながら、どれくらいの力を出せば適切かを自然に判断できるようになります。

組織もそうですね。トップダウンで指導して、上の言ったことをそのままやる、その通りに実行できる、それも大事なことですが、自らをオーガナイズし、自分で課題を解決していく。置かれた環境の中で課題を見つけて、解決できる能力を高めていくことが、指導者であろうと選手であろうと、「人の能力を育てる」上で大切なことかなと思います。

感覚の伝承について

重信　これも本に書きましたが、息子は10歳のときの空ターンの練習で、「良い投げの感覚」を完全につかみました。というのは、そのころの動画があるんです。重心を膝に乗せて、回転軸を持って回っている。今見ても良い動きだと思いますね。学生にも指導していますが、誰もできない。もちろん、本格的にハンマー投げを始めるには、ほかにも覚えなければいけないことがたくさんあります。ですが、やはり最初に、基本的な「投げの感覚」を指導しておかなければならないと思いましたね。

そして先ほど息子が言ったように、自分自身で獲得する意欲がなければダメです。学ぶことに貪欲でなければいけない。息子にしても、私がつきっきりで指導していたわけではなく、精神面も技術的なものも、自分で次々と発見していった。周りを見ていると、指導者に何もかも任せている選手が多い気がします。だから、指導者を超えられないのではないでしょうか。

「良い投げの感覚」というのは一度きりでなく、その都度起こります。悟りを開いたような感じで、「あ、これだ!」と閃くのです。そして、いつも覆されるのです。自分で投げるときもそうですし、選手の感覚に入り込んで指導しているときもそう。そのとき「できた」と思っても、それはベストではない。そういうものを積み重ねていって、最高のところにいったのが、息子の記録です(日本記録84m86cm、世界歴代4位)。私が見ていて、投げの感覚としては、「世界記録よりも、さらに上にいったのではないか?」と思うような投擲もありました。

ですから、「良い投げの感覚」というのは絶えず出てくる。良い投げが出たら、その上をまためざしていかなければなりません。

広治　先ほど言った、自己組織化というのは、上からの強制ではできません。父は私に一度も「練習しろ」と強制したことはなかった。スポーツは、やはり「自分でどう見つけていくか」が大事なので、トップダウンの命令では限界があるのです。スポーツは教育を超え、人の人生や生き方にも大きな影響を及ぼすわけですから。国で現在進めている部活動改革にも、その精神が反映されていくことを願っています。

私が学生時代、「テニスをやりたい」と言えば、大いにやるように父は応援してくれました。「自分は今これがしたい」という気持ちを後押ししてくれたのが、ありがたかった。それを止めると、人間は萎縮していきます。

「良い投げの感覚」ということで言えば、かつて8㎜フィルムしかなかった時代から、客観的にフォームを見なければいけないということで、父は自分の投擲を撮影し、また海外の選手のフィルムを集めていたわけです。私も早くからそれらの膨大なフィルムを、ただ見るだけではなく、父に解説をしてもらいながら見ていた。そうすると同じ「見る」でも、見るポイントが理解されますので、自然とより的確なフィルム研究ができていたのだと思います。

また父は、私が子どものころから、「団扇(うちわ)であおぐときも、柄の先端を持ったほうが楽だろう?」などと、物理的な力の法則と感覚をつなげるような、具体的なことにたとえて教えてくれました。ハンマー投げの枠組みにとらわれず、日常的な動作からも、理にかなった身体の使い方を学ぶことはできる。父の「良い投げの感覚」が、そのまま私に伝承されたのかはわかりませんが、父の教えを通じて、自分自身のスキルアップにつながっていったのではないかと思います。

父を超えたその先に

重信 私の日本記録を息子が超えたとき（1998年4月、広治氏が76m65cmを記録）、ある記者の方から「超えられて残念だったでしょう」と言われたんです。それはまったく違うと答えました。これには、その前の段階があります。息子が高校の2年生のときかな、まだ体重が70kgちょっとしかなかった。それで、16ポンドのハンマーで一般の試合に出て、いきなり61mか62mを投げたんですね。そのときは、私がちょうど間に合わなくて、会場に着いてから知ったんですけど。

広治 そういうときに結構記録が出る。いやいやいや、冗談です。

重信 私はそのとき、「息子はこれだけ凄い能力を持っているんだ」と思いました。大相撲にたとえると、大鵬（たいほう）だとか、白鵬（はくほう）もそうだけど、入門当時は小さいですよ。細くて体重がない。100kg超えたぐらいになったときに幕内に上がってきて大きなお相撲さんと闘う中、徐々に力をつけていき大横綱となった。それと同じだと思いました。

だから、息子が記録を伸ばしていくのは当たり前であって、私を抜くのも当然のこと。そして私の記録を抜いたら、次に「80mの壁」があると思ったのです。だから、私の記録を抜いたことで、「さらにその上へ向けて、どのような指導をしていこうか?」と考えていました。

広治 私は、父の日本記録を何度も目の当たりにしています。特に印象深いのは、1984年のロサンゼルス・オリンピックのころです。大会の前年度からトレーニングを兼ねて、父が文部省（現・文部科学省）の在外研修制度を利用し、家族でカリフォルニアに移り住むことになりました。その時期、私は貴重な経験をさせてもらいました。現地のパブリックスクールに通いながら、父が現地の大会で何度も日本記録を更新する姿を間近で見ていたのです。父は、日本では大きな体格かもしれませんけど、国際大会へ行くと小柄で、欧米の選手と対等に投げている姿は凄いなと思いました。「体格差を克服する技術は素晴らしい」ということで海外でも注目されていて、大変誇らしく思っていました。

父が最後に投げた日本記録は、75m96cm。私が高校生になって、日本選手権などの国内の大会を見に行っても、フィールドにその日本記録のラインがあるんです。選手たちが投げても、みんなずいぶんその手前に落ちている。高校1年生か2年生のとき、千葉で行なわれた日本選手権を見ていて、「ずいぶんと届かないな、あそこの黄色いラインが日本記録か」と思ったものです。それから7年経って、自分が抜くとは思わなかったですけど、父はそのぐらい大変な記録を打ち立てたという印象がありました。

私も、父の日本記録という目標があったから、次をさらにめざせたと思うのです。そのお手本がないと、どうしようもなかったと思いますね。当時の日本で、父以外では、60ｍ台の記録しかなかった。それは１９６０年代から変わっていなくて、そうすると、国内には参考になる人はいない。それが間近に「75ｍ96㎝」の記録を樹立し、しかも投擲の技術も、どういう研究をして、どうやって記録を伸ばしてきたか、そこまで克明に伝えてくれる人がいたことは、ものすごく大きなことですよね。

そして、やはり父はスケールが大きいですから、自分の指導の範囲で留めようというつもりがなかった。むしろ父のつてで、いろいろな海外の選手やコーチを紹介してもらって、指導を受けにいきました。そういった心の広さにも、私が伸びた要因があったと思います。

重信　「80ｍの壁」の前には、やはり段階がありまして、80の前にちょっと、停滞ではなく、記録は伸びていったんですけど、いくつかのステップがありました。そして、80を投げるあたりから、また違う力を感じましたね。息子の中に、それまでとは違う力が生まれてきていると思いました。そして80を超えたら、今度はまたその上を狙えるなと思いました。そして実際、その通りにいきました。

それまでと違う力とは、回転中のハンマーヘッドのスピード感。本人がもともと持っていた感覚を、自覚的につかんだのではないかと私は思った。ハンマーを投げ出す瞬間の、ヘッドが出すスピード、あれは尋常じゃない。ほかの世界のトップレベルの選手とも何か違うんですよ。息子のほうがはるかに図抜けているんです。当時、そのスピードが5年以上続きましたが、これを継続させるのは、年齢的になかなか難しいことです。

だから、80mを超えても、そこで「まだいける」という感じを持ったのは、ハンマーヘッドの瞬間的な加速を、本人が「新たな力」としてつかんだからではないかと思いますね。

広治　80mに近づくと、どうしてもその距離を意識して「80mを狙いたい」と思うものです。しかし、私はフィールド上のそのラインをあえて消し、「80mを投げる」という飛距離に焦点を当てるのではなく、「投げる瞬間の初速をどう高めるか」を目標にして練習を行なっていました。初速を最大限に高め、正確に狙った方向へ投げることが大切だと考えていました。ハンマーが飛んだ後は、あとは成り行きに任せる、という感覚でした。「80m」という距離にこだわってしまうと余分な力が入り、動きが乱れるからです。いずれにせよ、80mを投げることは大変なことだと思いました。そして80mを超えても、自分で限界を定めず、さらに先をめざすことができたのは良かったと思います。

宇宙でのトレーニング法

重信　投げは常に変化をします。私もハンマーを投げていて、特に学生時代などは1本1本投げの感覚の異なることを感じていました。そうすると、投げ方を変えなければならない。その経緯はもう書きましたから繰り返しませんが、自分で満足のできる動きを見つけたのは、40歳に近くなってからです。今振り返ると、動きは40近くのころがもっとも良かったように思います。体力に頼るのではなく、身体の特性を利用した投げ方をベースにして、ハンマー投げを追求してきました。そして現在も、選手にそれを伝えるべく指導を続けています。

学生の中には、50mに届かない者もいます。それは、私にとっても結構勉強になるんです。「50mいかないのはどうしてだろう?」といった疑問から、思わぬヒントを得ることもある。私の考え方を生かすために、「この選手に足りないものはこれではないか?」ということで、新たにドリルを見つけながらやっている。

本当にハンマーは簡単にいきません。いろいろな要素が複雑に絡み合った小宇宙のようなものです。だから、面白いんですよね。「追求しよう」という気持ちがどんどん湧いてくるのは、そこにあるんじゃないかな。

広治　先ほど、団扇をあおぐ話をしましたが、頭で理解するのではなく、実際にやってみたらいいんですよね。団扇の柄の先端ではなく、扇部に近い部分を持ってあおいでみる。力を使うわりには、風が起こらないことがわかる。そして次に、柄の先端を持ってあおぐ。小さな力で楽に風を起こすことができる。ここには「てこの原理」が働いているわけですが、その力学を「理論」だけではなく、「感覚」としても体得することが大事なのです。

たとえば、回転を利用したハンマーの投擲は、ゴルフのパットやバスケットボールのシュートのように、一点に集中する運動ではなく、拡散する運動ですから、投網を広げるとか、おはじきをつかんでばらまくといったトレーニングが有効だと考え取り組んでいました。ただ「遠くに投げよう」とするだけでは、動きが空回りしてしまうことから、いろいろな感覚を養っていくことで、私はハンマー投げのスキルを獲得していきました。

私の著書『ゾーンの入り方』（集英社新書、２０１７年）などでも紹介しましたが、現在は一般向けに、紙風船を使ったトレーニングを提唱しています。長く競技を続ける上で、重さに依存しないトレーニング方法はないものか、という発想から生まれました。

今後人類が宇宙に行ったときに、どうトレーニングするのか。バーベルを使うのか、無重力なのか。月なら6分の1の重力ですよね。宇宙船で3年かけて火星に行くときに、どう身体の機能を維持するか。これらは宇宙への移住が現実味を帯びてきた現在、大変大きな問題です。

条件が変われば、トレーニング方法もきっと変わる。我々は普段あまり意識しませんが、地球上では常に1Gの重力がかかっており、多くのトレーニング方法は重りに大きく依存しています。しかし、発想を転換すれば、重さに依存しない筋トレ方法も存在します。重さに依存しないことで、関節や脊椎に負担をかけずに筋肉を強化することが可能です。そのような観点から開発されたのが「紙風船トレーニング」であり、その効果は論文化され、[*1-5] さらにその方法に関して、多くの方に取り組んでいただけるように、スポーツ庁のホームページでも紹介しています。

また、バーベルのシャフトにハンマーをぶら下げてスクワットの姿勢で担ぎ、重りをスウィング動作によって揺らす不規則性のあるトレーニング、「ハンマロビクス」も公開してきました。左右のハンマーを前後に揺らすことで、ただ重りを担ぐよりも下肢や体幹筋がより活発に働くことが確認されました。[*6] さらに、軽い重量でもどの程度効果があるかを検証しました。竹竿に軽いプラスチックをぶら下げて担ぎ前後に揺らす（353g）タスクと、60kgのバーベルを担いで行なうスクワットとを比較したところ、軽い重りを積極的に揺らす運動でも、筋活動が高まることが確認されました。[*7] なぜこのようなことが起こるのか。それは、位置エネルギーの違いによるものです。重い物体は高いところから低いところへ自然に落下しやすいですが、軽い物体の場合、スウィング運動を自ら積極的に行なわないと、スウィングが継続しにくいということが考えられます。

重信　私は逆に、前から考えていたけれど、1・1Gぐらいのところで、今と同じ動作ができるようになったら、これも凄いなと。それはいつも考えていて、そういう練習ができないかと思っていたんですよ。

今、この部屋の中でも1・1Gの重力がかかると、今までよりもかなりの努力をしなければ動けない。自分の体の動かし方を、スピードとかジャンプ力とか全部含めて、変化させていかなければいけない。だからそのために、自分の練習では試合用の16ポンドより軽いハンマーを投げたり、重いハンマーを投げたり、そういうことを考えたんです。

ハンマーに生かされている

広治　父はやはり努力の人だと思います。通常の人ならとっくに諦めるところを、10年記録が伸びないスランプでも乗り越えるとか、8㎜のフィルムを1日中見続ける熱心さであったり、競技に取り組む姿勢、また、自分自身で考え抜くことで、ハンマー投げが、ただの競技だけではなく哲学となった。何十年も、人の何倍も努力してきた父の姿を見てきて、私にも、飽くな

き探究心が受け継がれたのではないかと思っています。

私はアスリートという貴重な経験をさせていただきましたから、スポーツから学んだことは数多くあります。精神面のコントロールやコンディショニング方法、身体操作の技術、体力の向上の仕方、人とのコミュニケーションスキルなど、そこにはいろいろなものがあるかと思いますが、そういったものを個人的な感覚に留めておくのではなく、科学的なエビデンスとして残して、また、競技、スポーツの枠を超えて、社会に貢献していきたいと考えています。

現在、スポーツ庁長官として、「ハイパフォーマンスからライフパフォーマンスへ」という文脈で、オリンピアンとしての経験で得た知見を国民の日々の生活に生かす方法を模索しています。スポーツを通じて、国民一般に広く親しまれ、スポーツの可能性をいかにして社会全体に広げていくかに取り組んでいます。

また、スポーツ科学者としては、従来の医療や教育分野に限らず、人々の「人はどう生きていくか」という哲学的な問いに対しても、貢献できるような取り組みを進めていきたいと考えています。それが実現できれば非常に面白いことだと思っています。

重信　今、私は年齢的に後期高齢者です。後期高齢者といっても、いろいろな考え方、生き方があると思うのですが、私はハンマー投げでいろいろな経験をしてきました。このハンマー投げで自分は生かされてきたのです。

ですから、自分が生かされてきたこのハンマー投げを高めるべくノウハウを多くの選手に伝えていくことは再度私が生かされていることになります。そのように考えているからこの指導が楽しくやりがいのあるものだと思うのです。

もちろん趣味の囲碁だとかゴルフもたまにやっています。しかしそれはあくまでも趣味にすぎません。ですから私の生きがいとなっているこのハンマー投げの指導、続けられるだけ続けようと思っています。

室伏広治（むろふし　こうじ）
1974年、静岡県沼津市生まれ。スポーツ庁長官。東京科学大学特命教授。博士（体育学）。元ハンマー投げ選手。中京大学卒業、中京大学大学院修了。自己最高記録は、2003年6月、プラハ国際で出した84m86。シドニー、アテネ、北京、ロンドンオリンピックに出場。2004年のアテネでは金メダルに輝く。同年紫綬褒章受章。著書に『ゾーンの入り方』（集英社新書）、『室伏広治と考える運動器機能の評価と改善　Koji Awareness』（文光堂）、『超える力』（文藝春秋）等。

註

＊1　Murofushi K, Yamaguchi D, Hirohata K, Furuya H, Mitomo S. Variations in Upper Limb and Trunk Muscles Activation During Isometric Exercises with or Without Exertion of Control. *Isokinetic Exerc Sci.* 2022;30(3):251-8.

＊2　Murofushi K, Oshikawa T, Kaneoka K, et al. The Effect of External-focus Using a Paper Balloon on the Activity of Upper Limb and Trunk Muscles During Static and Dynamic Tasks. *Isokinetic Exerc Sci.* 2022;30(4):345-55.

＊3　Murofushi K, Oshikawa T, Akuzawa H, et al. Trunk Muscle Activation in Side Plank Exercises with and Without External-focus Instruction'. *Isokinetic Exerc Sci.* 1 Jan. 2023:29-36.

*4 Murofushi K, Morito T, Akuzawa H, Oshikawa T, Okubo Y, Kaneoka K, Mitomo S, Yagishita K. External focus instruction using a paper balloon: impact on trunk and lower extremity muscle activity in isometric single-leg stance for healthy males. Front Sports Act Living. 2024 Mar 14;6:1343888.

*5 Murofushi K, Morito T, Akuzawa H, Oshikawa T, Okubo Y, Mitomo S, Kaneoka K. External focus instruction using a soft paper balloon on muscle activation patterns in isometric hip abduction exercises: A comparative analysis with external resistance tools. J Bodyw Mov Ther. Volume 40, 79-87 (2024).

*6 Murofushi, K., Oshikawa, T., Kaneoka, K. *et al.* Differences in trunk and lower extremity muscle activity during squatting exercise with and without hammer swing. *Sci Rep* 12, 13387 (2022).

*7 Murofushi K, Oshikawa T, Kaneoka K, Akuzawa H, Mitomo S, Hatano G, et al. (2024) Light weights are as effective as heavy weights for muscle activation in the Hammerobics exercise. PLoS ONE 19(9): e0308640.

室伏重信（むろふし しげのぶ）

一九四五年、中国河北省唐山に生まれ、静岡県沼津で育つ。陸上競技指導者。中京大学名誉教授。日本大学経済学部卒業。ハンマー投げで日本選手権一〇連覇を含む一二度の優勝、五輪は四大会で代表となり、アジア競技大会五連覇を成し遂げ「アジアの鉄人」と呼ばれる。長男・広治はアテネ五輪ハンマー投げ金メダリスト（スポーツ庁長官）。長女・由佳もアテネ五輪ハンマー投げ日本代表。ほか多くのトップアスリートを指導。著書に『鉄球は教えてくれた』（講談社）等。

野性のスポーツ哲学「ネアンデルタール人」はこう考える

二〇二五年三月二二日　第一刷発行　　集英社新書一二五六C

著者……室伏重信

発行者……樋口尚也

発行所……株式会社集英社

東京都千代田区一ツ橋二-五-一〇　郵便番号一〇一-八〇五〇

電話　〇三-三二三〇-六三九一（編集部）
〇三-三二三〇-六〇八〇（読者係）
〇三-三二三〇-六三九三（販売部）書店専用

装幀……原 研哉

印刷所……大日本印刷株式会社　TOPPAN株式会社

製本所……加藤製本株式会社

定価はカバーに表示してあります。

ISBN 978-4-08-721356-0 C0210

Printed in Japan

a pilot of wisdom

ゾーンの入り方

室伏広治

0905 C

超一流アスリートが教える、結果を出すための集中法

大事な舞台やプレゼンテーションで結果を出すための集中力はどうすれば身に付くのか？　集中状態である「ゾーン」とは何か？　つねに自己と記録に向き合い、男子ハンマー投げ選手として活躍した著者が、良質な集中状態とはどんなものなのかを語り、集中するための方法論と哲学を満を持して公開する。

アテネ・オリンピックでは金メダル、ロンドン・オリンピックでは銅メダルを獲得するなど、多くの大会で好成績を残し、二〇一六年に引退後は学者、指導者として活躍する著者が今だからこそ語る、スポーツや仕事、人生にも役立つ究極の集中法をまとめた一冊。

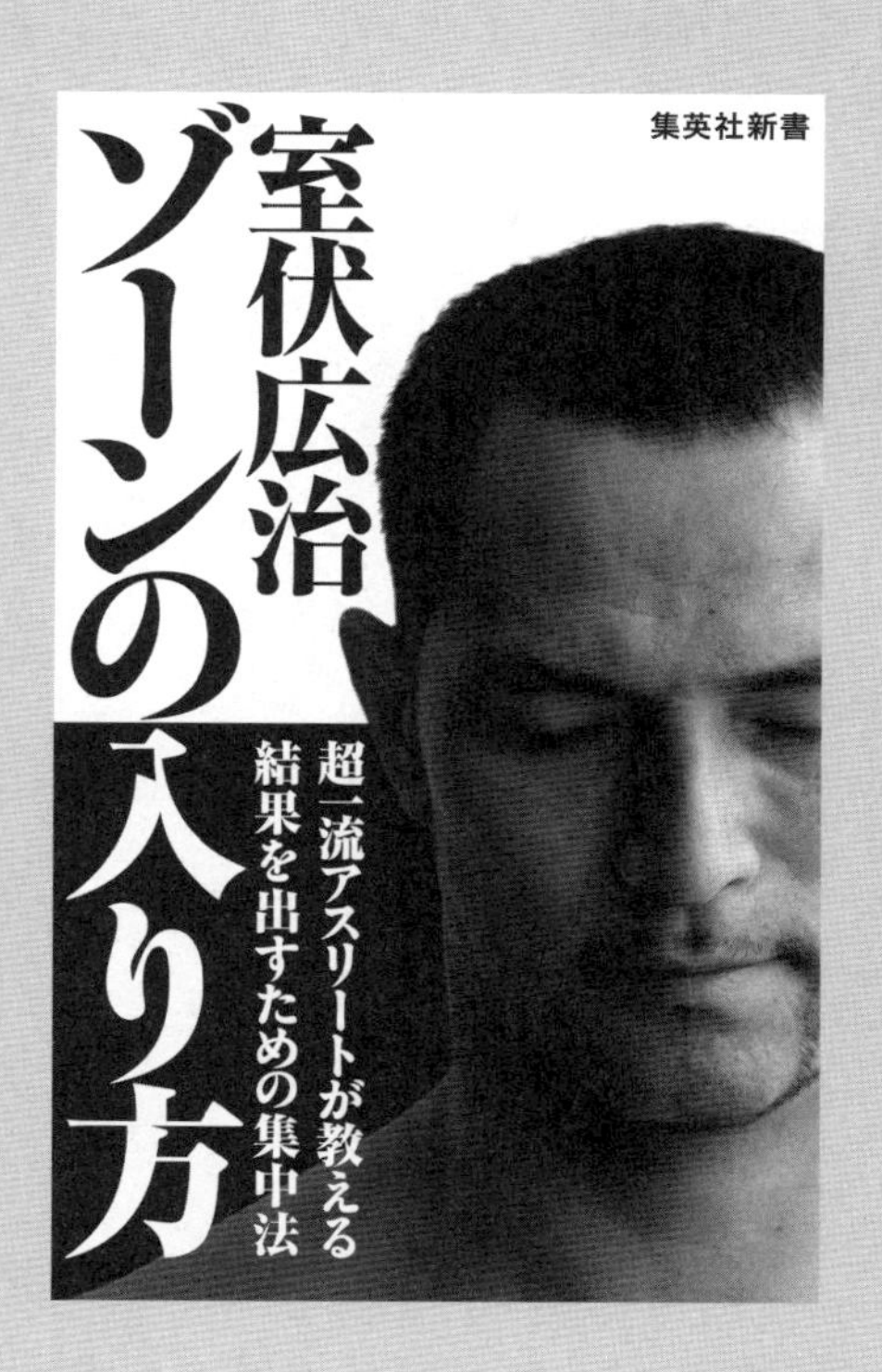
集英社新書
室伏広治
ゾーンの入り方
超一流アスリートが教える
結果を出すための集中法

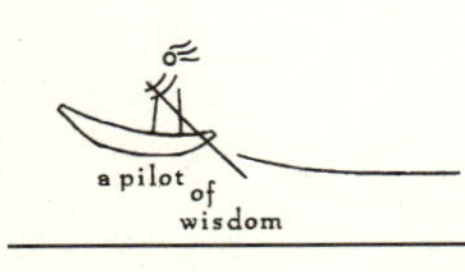

集英社新書　好評既刊

東京裏返し　都心・再開発編
吉見俊哉　1243-B
再開発が進む東京都心南部。その裏側を掘り起こす、七日間の社会学的街歩きガイド。

わたしの神聖なる女友だち
四方田犬彦　1244-B
昭和の大女優、世界的な革命家、学者、作家、漫画家など、各領域で先駆者として生きた女性の貴重な記録。

恋する仏教　アジア諸国の文学を育てた教え
石井公成　1245-C
仏教の経典や僧侶たちの説法には、恋愛話や言葉遊びがいたるところに。仏教の本当の姿が明らかになる。

捨てる生き方
小野龍光／香山リカ　1246-C
仏門に入った元IT長者と、へき地医療の道を選んだ精神科医が語る、納得して生きるための思索的問答。

アメリカの未解決問題
竹田ダニエル／三牧聖子　1247-A
米大統領選と並走しつつ、大手メディアの矛盾や民主主義への危機感、日米関係の未来について緊急対談。

はじめての日本国債
服部孝洋　1248-A
「国の借金」の仕組みがわかれば、日本経済の動向がわかる。市場操作、為替、保険など、国債から考える。

働くことの小さな革命　ルポ　日本の「社会的連帯経済」
工藤律子　1249-B
資本主義に代わる、「つながりの経済」とは？　小さなコモンを育む人々を描く、希望のルポルタージュ。

新聞記者がネット記事をバズらせるために考えたこと
斉藤友彦　1250-F
ネット記事で三〇〇万PVを数々叩き出してきた共同通信社の記者が、デジタル時代の文章術を指南する。

人生は生い立ちが8割　見えない貧困は連鎖する
ヒオカ　1251-B
実体験とデータから貧困連鎖の仕組みを明らかに。東京大学山口慎太郎教授との対談では貧困対策等を検討。

アセクシュアル　アロマンティック入門　性的惹かれや恋愛感情を持たない人たち
松浦　優　1252-B
LGBTに関する議論から取りこぼされてきた、セクシュアリティを通じて、性愛や恋愛の常識を再考する。